平凡社新書
951

池田大作と宮本顕治

「創共協定」誕生の舞台裏

佐高信
SATAKA MAKOTO

HEIBONSHA

池田大作と宮本顕治●目次

はじめに

「信じるなよ、男でも、女でも、思想でも。ほんとうによくわかるまで。わかりがおそいってことは恥じゃない。後悔しないためのたった一つの方法だ。威勢のいいことを言うやつがいたら、そいつが何をするか、よく見るんだ。お前の上に立つやつがいたら、そいつがどんな飯の食い方をするか、他の人にはどんなものの言い方をするか、ことばやすることに、裏表がありゃしないか、よく見分けるんだ。自分の納得できないことは、絶対にするな。どんな真理や理想も、手がけるやつが糞みたいなやつなら、真理や思想も糞になる」

これは五味川純平の大河小説『戦争と人間』（三一書房）で、親のない二人だけの標兄弟の兄の方が兵隊にとられて出征する前、まだ幼い弟に言うセリフである。

これほど鋭く、日本人の軽信を衝いた言葉もないだろう。懐疑をくぐらない、深い懐疑によって鍛えられない軽信をするからこそ、この国の人間は簡単に裏切られて、「だまされた」と騒ぐことになる。

　この作品の「感傷的あとがき」に五味川は「ペンは剣より強し、と昔の賢人は言ったそうだが、果たしてそうか。私の眼には、ペンは邪剣に奉仕するに忙しいようである」と書いている。

　冒頭のセリフの前半部分を、二〇二〇年四月二十四日付の『毎日新聞』夕刊の長尺インタビューで引いて、『『信じる』より疑え」と訴えた。「この国はどこへ　コロナの時代に」というシリーズの一環だったが、担当した宇田川恵記者によれば、かなりの反響を呼んだらしい。

「信じる」ことは、ある意味で信じさせた者に責任を預けることである。逆に「疑う」ことは、自分に責任を引き戻すことになる。

　この国では「疑う」ことより「信じる」ことに価値があると思いがちだが、果たして、そうか？

　いつも、そう考えている私にとって、信じることから出発する創価学会と、現資本主義体制を疑い、新しい社会を望む共産党が半世紀近く前に「協定」を結んだことは、とても興味深い〝事件〟だった。それは、学会の池田大作と、共産党の宮本顕治という両指導者のキャラクター抜きには考えられない。不幸にも、その「創共協定」は発表直後から死文化の道をたどったが、私は破綻の結末を含めて、誕生の舞台裏をさぐりたいと思った。

第一章で紹介した池田、宮本対談も現在ではほとんど忘れられている。この、なかなかにほのぼのとした対談の裏で、どんな思惑と策謀が渦巻いていたか。いずれにせよ、このドラマは再現する意味がある。池田と宮本の二人の人物に焦点を当てながら、私は未遂に終わった理想の復興を願わずにはいられなかった。

第一章　池田大作と宮本顕治の「人生対談」

宮本の街頭演説を聴いていた池田

創価学会会長の池田大作と日本共産党幹部会委員長の宮本顕治の『人生対談』（毎日新聞社）は一九七五年十二月二十日に発行された。これは『毎日新聞』に同年七月十五日から八月二十三日まで連載されたものである。

創価学会が支持母体の公明党と日本共産党は支持層が重なることもあって激しく争っていて、そのドン同士の対談は、世間を驚かせるに充分だった。

「いつもテレビで、あなたの活躍を拝見しています。お元気そうで何よりです」

という池田の切り出しに、

「あなたこそ、精力的に外国にもお出かけになっているのに、ちっともお疲れの様子はありませんね」

と宮本が応じて、それは始まる。

この時、池田は四十七歳、宮本は六十六歳だった。

「年齢からいっても少し体重を減らしたい。あなたはどのくらい？」

という宮本の問いに、

「八〇キロちょっとです。もう少しスマートになりたいんですがね」

と池田が答えて、共に笑うという風に進んだ対談は、

「ところで宮本さん、私があなたと初めてお会いしたのは、実は二十年ぐらい前なんですよ。一対一で。あなたはたぶん覚えておられないでしょうけれど」

という池田の一言で急展開する。

宮本は一九五五年の衆議院議員選挙に東京一区から出た。その選挙演説を池田が聴いていたのである。

「その時、あなたは国電市ヶ谷駅近くの食堂の前で、街頭遊説をされていた。私は、ちょうどそのそばを友達と通りかかったのです。二十五、六歳のころです。私は、道を求める青年として、社会主義の指導者の話にも関心を持っていたので、あなたの演説を聴こうと言ったんです。ところが、友達は興味がないと帰ってしまった。あの当時の共産党さんは、いまほど国会議員もいなかったころですから、聴衆は結局、最後まで私一人だったんです（笑い）」

池田の告白に宮本は、

「ほほう、そうですか。これは驚いた。えらい人に聴かれていたものですね（笑い）」

とびっくりしている。

「ですから私は、宮本さんには二十年来の関心を持っているわけですよ。私にとっては、

いわば旧知の人で（笑い）。

ところで、きょうはどういうところから始めましょうか」

と池田が尋ねると、宮本は、

「いや、いまのお話で、二十年来の旧知（笑い）の仲ですから、堅苦しいものでなしに、大いに語り合いましょう」

と応じ、気楽な感じで対談は進行した。

二人がルビコンを渡った瞬間

対談に至るまでの経緯は改めて詳述するが、とにかく、その内容を紹介していこう。

まず、池田が「お互いの関心事という身近なところから」として、獄中体験に触れる。

「宮本さんは、戦前戦中の十二年間も獄に入れられていた。私も戦後のほんの一時期ですけれども、留置場の苦労を体験しております。また初代会長（牧口常三郎（つねさぶろう））、二代会長（戸田城聖（じょうせい））も戦時中、軍国主義と対決し、不敬罪と治安維持法違反の容疑で三年牢に入り、牧口初代会長はそこで獄死している。前会長からも生前、よく戦前の拘置所生活について聞かされましたが、あの過酷な状況の中で、宮本さん自身、十二年間も入られていたわけですね。その時の精神的な支えになったものは何ですか」

これに対して、宮本がこう答える。

「牧口さんや戸田さんの受難は、私もかねがね心にとめています。後で知ったのですが、牧口さんは、私がまだ巣鴨にいたころに、あそこで亡くなられたのですね。本当にあの治安維持法はひどいもので、良心的な自由主義者から宗教家まで『国体の否定』、または『神宮や皇室の冒瀆（ぼうとく）』をする『結社』や『行為』ということで、弾圧の対象をどんどん広げ、私のいた監獄にも、そうした受難者がどんどん投獄されてきました。

私の場合、やはり活動していたころから、捕まっても原則的に闘い抜こうと覚悟を決めていました。運動はひどい打撃を受け、一九三五年ごろから（引用者注・共産党の）中央部は壊滅状態でした。世界的にも軍国主義、ファシズムの勢力が、世界制覇に近づいているようにみえる情勢でした。私は、日本の革命運動の未熟さの面については自分でも分析していましたが、その歴史的使命といったものの正当さへの確信は、ゆるがないものでした。そして、日本の暗黒政治と独伊ファシズムの崩壊は、時間の問題と展望していました。生きてそれを見ることができるかどうかは、わからないと思っていましたが、ただ、何かで獄中で死に対面するような場合の精神的修養には心がけ、歴史からその糧を吸収するようにしました」

そして、日本の歴史上の人物としては、日蓮、大石内蔵助、吉田松陰などの伝記が支えになったと語った。それに池田は深く頷き、こう応ずる。

「たしか、そのことはあなたが書かれたものに記されていましたね。いかなる時でも、人間は死に直面した時、もっとも生きる強さを自覚する場合がある。あなたは日蓮をあげられましたが、法華経という経典は生と死に鋭い光線を当てたものであるだけに、しばしば死と対決した歴史上の人物の間で読まれています。私の恩師も獄中で、それこそ壮絶なまでの、法華経を通しての生命の対決をしました。それから、あなたのいう不屈な人間像ということですが、私はこの『不屈』は簡単な言葉でも、人間の芯ともいうべき重要なことと思うのです。不屈の精神は、必ずいつか新しい芽をふき出していくものです」

そして、宮本が池田に入信の動機を尋ねる。

「池田さんの自伝を読むと、戦争で肉親を奪われた多感で勉強好きの青年として、生活と病気でも苦労されています。社会主義運動に入られてもおかしくないようなあなたが、創価学会に入られた動機は何ですか」

そう問われて池田は、

「全く宗教人らしくなくて、奇異に思われますか」

と笑い、こう続ける。

「自分でも、もともと宗教にはほとんどといっていいほど関心がなかった。まして今日、このようなことになろうとは、夢にも思っていなかったんですよ（笑い）。結局、私の場合、戸田前会長という一人の人間との出会い以外にはないんです。学会に入ったのが十九歳の夏でしたが、そのころ戦災のあと東京大森の森ヶ崎に住んでいました。そこへ、友人から哲学の会合があるからと誘われて、仲間の友達と連れだって行ったのが、実は学会の座談会で、そこで初めて戸田前会長に会ったのです。道を模索していた私にとって、戸田城聖なる人の言動と、生き生きとした魅力的な仏教の講義は衝撃的だった。私は、この人の言っていることは本当だ、この人なら信じられると直感しました。単に言葉だけでなく、初対面ながら何かしら深い親しみの情感がこみあげてきました。その会合から十日後に、自分から入会したんです」

そして池田は、

「もし戸田城聖との出会いがなければ、宮本さんのいわれるように、社会主義運動に入っていたかもしれませんね」

と笑いを誘い、宮本も、

「惜しいことをした」

と残念がっている。

宮本が共産党に入ったのは二十二歳の時だった。郷里の中学の二年先輩の手塚英孝に入党を勧められたのである。

医者の息子で、家庭的に貧乏ではない手塚が入党していたことに宮本は驚いた。当時、新聞には共産党員の逮捕が相次いで報じられており、親兄弟のことも考え、将来の苦難に耐えられるかという不安も消すことはできなかったけれども、「理性の声としてはこの道しかない」と考えて決断したという。

池田の場合は、入会以来、あまりすんなりということではなかった。約半年間悩むほどの困惑があったのである。

池田の述懐を引く。

「それは、戸田城聖の風貌は私の心に不世出の師として焼き付きましたが、一面、この人についていくことは、大変なことだと予感したからなのです。将来は大変な苦労となるだろう。やりとおせるか、とおせないか。逃げ去るならいまのうちだ、後になってはもう遅い（笑い）と悶々と悩んだ一時期がありました。いまから思えば、その時が生涯をかけた決断の時だったのでしょうね。しかし、私の生命に日一日と、急速にはぐくまれていくものがありました。宮本さんは『理性の声』といわれました。それに共通するかと思いますが、やはり『内なる声』に、私は、ついにルビコンを渡ったのです。

それから、入会した当初、悩んでいたもう一つの理由は、学会の雰囲気が何となくそれまでの自分の膚あいになじまなかったこともあった。そのころの私は、あまりうまくはなかったのですが、詩を書いたり、文を書いたりしていて、文学青年の端くれみたいな気質を持っていたんです。ですから、戸田前会長にひかれて学会に入ったものの、将来の夢と少しかけ離れているようで、初めはあまり学会が好きではなかった」

率直で貴重な告白だろう。

しかし、戸田城聖はそれを見抜いた。そして池田に尋ねる。

「君は学会が嫌いか」

池田もはっきりと、

「実は嫌いです」

と答えた。

すると戸田は、

「そうか。では君の好きになれる学会を、君がつくればいいではないか」

と言ったのである。

それなら納得できると、以来、池田はすっきりと、池田なりの夢とロマンを学会の中で描いてみようと活動してきたという。

そんな創価学会への関心を、宮本は次のように打ち明ける。

「私もかなり以前から、創価学会についてはいろんな点で注目しておりました。近年、宗教団体であると同時に、平和、文化団体としての活動ということが強調されはじめ、実際運動の中でも核兵器の全面禁止、日本にファシズムの勃興を許さない、という方向が、あなたの公式の発言にも打ち出されてきたのをみて、特に関心を深めています。それで、あなたの書かれたものや『聖教新聞』なども、ずいぶん読ませていただいているんですよ」

宮本は池田の中国、ソ連（現ロシア）紀行にも感動しているが、池田のそれに「反共主義という偏見」がないと指摘しているところが重要なポイントだろう。

池田のレニングラード訪問

そして二人は、池田の『中国の人間革命』（毎日新聞社）や『私のソビエト紀行』（潮出版社）に触れながら、第二次世界大戦の時、ソ連が勝つか、ナチス・ドイツが勝つかの分岐点となった激しい「レニングラード攻防戦」について語る。言うまでもなく、レニングラードはロシア革命の発祥の地となった〝レーニンの町〟である。

「私は仏法者ですから、もとより自由主義国、社会主義国のいかんを問わず、世界中のどこへでも訪問したい。また、これまでも訪問してきました。そして、ともかく、この地球上に、第三次世界大戦の惨劇だけは、何とかして回避しなければならない。そんなことが私一人にできる仕事とは毛頭思っていないけれども、せめてそのために少しでも努力したい、というのが私の行動なのです。

そして実際に世界各国を回り、そこに生きている民衆の現実の姿を見て感ずることは、この世界には確かに国境という壁も存在しているけれども、もっと大きな平和への障害となっているのは、あらかじめ一定の決められたイデオロギーや感情が基礎になっての各国間の不信感であると思います。本当に各国の民衆が、互いの国について謙虚に理解し合い、交流し合うという国際的土壌が生まれるならば、戦争回避への道は決して遠くないでしょう」

こう語る池田に宮本は、

「私は監獄にいたころ、監獄の厚い壁に阻まれて、新聞も読めないままに、第二次大戦の模様をわずかに収容者に読ませる『人』という、官製の法人団体である刑務協会の小さい新聞を通じて、また看守との日常の何気ない雑談を通じて知らされていましたが、それでもレニングラードの激しい攻防戦の行方には大きな関心を持っていました。日本全体が牢獄化している中で、ソ連に攻め込んだナチス勢力が成功するか失敗するかは、まさに人類の運命がファシズムに踏みにじられるか、再び文明社会を守り、取り戻せるかという瀬戸際にありました。

当時、ただ一つの社会主義国であったソ連の運命について、私はこの新しい社会が、ファシズムの蹂躙（じゅうりん）を撃退して生きながらえることを、祈るような気持で願っていました。あなたの紀行を読んで、当時の心境を思い起こしました」

と答える。さらに池田は、

「私は、政治次元のイデオロギーにはとらわれませんが、他国民の平等の尊厳性を否定したり、人間の生存の権利を奪うことは絶対に許せないことだと考えています。

そういう意味で、私はレニングラードには、ある期待を持って行きました。この街の市民は第二次大戦で、ナチスの九百日間に及ぶ大包囲作戦を敢然とはね返した誉れある市民である。その市民と対話し、街の姿を見たい、そういう関心があったからです。レニングラードに到着して驚いたことは、街がとてもきれいだということでした。それも市民の手で整理されている。おそらく市民が力を合わせて街を美しくしている点では、世界一ではないですか。と同時に、この市民の連帯意識というものがあったればこそ、あの約三年に及ぶナチスの攻撃に耐えられたのだと実感でき、改めて感動を深めたのです」

と回顧している。

それを受けて宮本は、

「あなたが大胆に社会主義本来の歴史的意義について、心を開いてこれらの国民への友情と連帯感をもって旅行されたということが、よくわかりました」

と納得しているが、この対談での池田の発言は、いまも「池田語録」として生きているのだろうか。それとも、宮本との対談などと没却されているのだろうか。

「原点としての中道」

現在は「中道」を忘れて創価学会（公明党）は自民党と手を組んでいるだけに、「原点としての中道」をめぐってのやりとりも興味深い。

まず、宮本がこう語る。

「私が創価学会について、もう一つ印象的だったのは、中道ということについての仏法の見方ということで、あなたが『聖教新聞』で書かれていたことです。中道というのは、単なる中間とか、折衷、日和見（ひよりみ）というものではない。原点に立つことだ。距離的な中間でなく、原点だということになると、平和文化団体として、権力の側に立たないで、庶民の側に立つとあなたが繰り返されていることや、反ファッショ、平和という実践的な目標が出てくるのも、うなずけたわけです。ただ、世俗的には、中道といえば距離的な中間、政治社会的にはどちらかというと、現状維持的なものとして理解されがちですが……」

これに対して池田は、

「これは、なかなか難しい問題ですね（笑い）」

と受けながら、

「おっしゃるとおり、一般に中道という用語は何となくあいまいで、不明確というイメージを持たれています。しかし、中道という言葉の持つ原義的な意味、またその態度、姿勢というものは、きわめて明確な合理的思惟内容をはらんでいる」

と続ける。そして、

「中道は、生命に関する部分観を止揚して、全体観に立とうとするもので、いわば生命論的弁証法とでもいえましょうか。色心不二、依正不二、煩悩即菩提とか、仏法ではさまざまな原理がありますが、ともかく仏法は、事物の統一的、総合的な把握を重要視しています。中道とはその意味で、折衷ではなく止揚なのです」

と定義づける。それを宮本は、次のように評価するのである。

「政治的によく使われる左翼、右翼という言葉も、これはフランス革命の際、急進派が国民議会の左に座り、保守派が右に座ったということからも使われるようになったのですが、いまでも徹底的な民主化や社会変革をめざす勢力を左翼といい、現状をさらに反動化させようとする勢力や、ファッショなどを右翼といっているわけです。中道とは、何となしにその中間の現状維持と受け取られている。しかし実際には、進歩と反動、特権階級と庶民、植民地主義と民族の自決、侵略戦争とそれに反対する反戦平和勢力との間には、空間的な中間、理念的な折衷というものは成り立たないわけで、その点、原点ということが、もともとの仏法上の起点だということになると、非常にすっきりとしてきます」

しかし、創価学会（公明党）の現状を見れば、「非常にすっきりと」はしない。

二人の組織論

次に話題は「組織について」に移る。

「あなたは一九六〇年に創価学会の第三代会長に就任されてから、急速に組織を拡大された。私も、党の書記長になったのは一九五八年でしたが、その後いささか組織の発展に努力してきました」

と口火を切った宮本は池田に、

「池田さんが、戸田さんの後を継いで会長に就任されたのはおいくつの時でしたか」

と尋ねる。それに対して池田が、

「三十二歳です。非常に若くて未熟な時だったのですが、私の場合、先輩が私が若いからということで、よく守ってくれたし、戸田前会長の指導で学会が非常にまとまっておりましたので、何とか務まったのでしょう。ただ、私の誇りは、それらの先輩、同志の中から一人の脱落者も出していないということです。女房は私が会長に就任した日を、池田家の葬式の日だといって、祝ってくれなかった（笑い）」

先輩が守ってくれたかどうかや、一人の脱落者も出していないといったことについては、別の証言があるが、ここではそれを追及しない。

この池田発言に宮本は、

「ほう。就任の日がお葬式の日ですか（笑い）」

と驚き、池田が、

「ええ、女房は、獄死した初代会長、また戸田前会長の姿を通し、会長という立場の苦労を察知していたのでしょう」

と受けている。そして逆に、

「ところで、宮本さんのほうこそ、戦前戦後のさまざまな試練を乗り越えられ、今日の日本共産党という、現代のわが国においてもっとも強靭（きょうじん）な組織体を育ててこられた。この間のご苦労は、並々ならぬものがあったとよく承知していますが、その宮本さんからみて、組織の基本とは何であると考えられますか」

と尋ねるのである。

宮本はこう答えた。

「私たちの組織についていえば、五十余年前の政治的な無権利と侵略戦争礼賛の暗黒期に、戦争と専制支配に反対し、政治的自由を要求しつつ、民主日本の実現と、さらに社会主義日本へという展望を掲げました。もちろん、いまからみれば、実際の運動にはさまざまな未熟さが当然伴ったにしても、この大局的展望は真理であるという確信が、ひどい迫害の中でも、たえず組織を守り抜こうという最大の生命力でした」

その後、二人は〝組織嫌い〟の風潮を問題にする。

池田は、現代人の一般的傾向として、組織の中に組み込まれたくないという考え方が特に若い世代に強いと指摘し、こう語る。

「これまで個人があまりにも組織の中で抑圧され、部品化されてきたことへの反動であり、人間の尊厳への当然の欲求の表れともいえる傾向だとみていますが、私自身、一つの組織の中心者として、心していかなければと戒めているものです」

組織を求める時代、もしくは組織から逃れられない時代であるのに、組織拒否の風潮も強い中で、指導者はどう対処していくか。

かなり原則的な話が続くが、宮本は次の点を強調する。

「特に私どもがいいたいのは、現状維持ではなく社会の変革というような展望を持つ組織に対しては、戦時中の治安維持法の悪夢もあり、また、反動勢力がそれへの人々の参加を妨げるために、常に必死の策謀をやっており、それが出世の妨げになるとかいう式で、組織嫌いというよりも組織恐れを作り出しているということです。これでは、本当の近代的な基本的人権の保障された文明社会とはいえません」

池田の心配するのはこうである。

「私が憂慮するのは、〝組織悪〟という名称によって、これは組織そのものが持っている悪であって、人間とは無関係なものだという考え方に陥ることです。私は、組織といっても人間によって構成され、運営されていくのであり、その〝悪〟の根源も、結局、人間の内にあることに思いをいたすべきだと思うのです。その本質を知らない人が、実は自ら重大な錯誤を生じていることに気づかない場合がある」

組織が人間をつくる

そして話は一転、地方論から故郷に飛ぶ。

「日本ではどこがいちばんいいですか」という池田の問いに、宮本がこう答えるのである。

「懐かしいのは、やっぱり生まれ故郷です。私は瀬戸内海の虹ケ浜という、白砂青松の虹形に三里（約一二キロ）も続いたなぎさを持つ農漁村に少年時代を過ごしたので、それに愛着を持っています。ところが、私の育ったところのすぐ前の浜辺に戦時中海軍工廠ができました。戦後は大企業がそのあとに来て、この海岸線の中央部が立入り禁止区域になっただけでなく、工場の排水などで汚されているのが大変残念です。自然の美しさという点からいえば、網走のオホーツク海の日没、鹿児島県南部の海のあたたかさ、宮崎の日向灘の雄大な眺望、秋田に入る羽越線で見た晩夏の海岸の寂しいたたずまいなど、いずれも印象的です。京都は多少見ましたが、あの神社仏閣の建物や庭園などは、もっと落ち着いて時間をかけて見たいものです。

いま思い出すのは、監獄にいた時、その年度の優秀な写真集を見て、しゃばの風物の新鮮さにひどく打たれたことです。なにしろ二十歳代の前半ごろ、地下生活での緊張した生活の連続のあとだったので。それに、いま私が住んでいる多摩付近の丘陵の尾根にも美しい緑の小道がありますが、破壊させたくありませんね。日本全国に、それぞれ大勢の人の愛着を集めるよいところが多いのでしょうが」

池田の故郷は、かつてはのどかな田園が広がっていた東京の大森である。

「社会が人間をつくると同時に、その人間が社会をつくってゆく」といわれるが、組織もまたそうなのだろう。

池田がそれを踏まえて語る。

「どのように崇高な目的を持った運動も、それを次代に受け継ぎ発展させていく人材がいなければ、その時限りで終わってしまいますからね。また、どんなに整備され、完成された組織も、これを構成し運用し、発展させていくのは〝人間〟です。宮本さんも同じだと推察しますが、私は人が育っていることを発見した時が、いちばん充実感を覚えます。

私の本当の気持をいえば、私も長いものですから創価学会のすべてを、なんとかバトンタッチしたいのです。よく、いまの心境は、とたずねられるのですが、私はその時、亡くなった吉川英治さんの〝菊づくり　菊見る時は　陰の人〟を引いて話します。組織、組織といっても、結局、基本は人づくりですからね。宮本さんも、その点については実に鋭い神経を配っておられるようですが、青年たちとはどういう形で接触されていますか。互いに忙しい身体ですけれど……」

宮本はこう答えている。

「党の新しい人たち、活動家の全員を直接知ろうと、できるだけ機会を見つけて出かけて行くんです。たとえば、いまは三十代の活動家を中心として学校を開き――ひと月くらいの短期の学校ですが――特別に教育しています。私なども出かけて、なるべく全員を直接知る努力もします。一回に百人足らずの規模の学校になりますが、学生たちは学校の建物で起居をともにします。その終了の時期に学校を訪れて、全員からごく短時間でもその仕事や勉学について、もれなく発言してもらうこともやります。どうしても、経歴や成績の報告を文書で見ただけでは、人間は全体的に実感としてわからないからです」

池田も、地方へ行った時など、そこの青年たちと一緒に風呂に入って、文字通り裸の対話をするという。

芥川龍之介を論じた「『敗北』の文学」

「平和について」から始まり、「組織について」語った対談は「文学について」に移る。

まず、池田が、

「これは宮本さんのほうが専門家で、私はアマチュア（笑い）ですから、ひとつ、いろいろお聞きしながら進めていきたいと思います」

と切り出し、宮本が、

「いや、私の場合、若い時がいちばん専門家だったので、今はそのように自認してはいませんが（笑い）」

と応じている。

若い読者には、一九二九年に宮本が雑誌『改造』の懸賞論文で第一席に入ったと注記しておかなければならないかもしれない。芥川龍之介を論じた「『敗北』の文学」である。その時の二席が小林秀雄の「様々なる意匠」だった。宮本の妻が作家の宮本百合子であることも付け加えておこうか。

「ところで、宮本さんは、非常に早い時期から、文学に関心を持たれたようですね。高校時代に同人雑誌を発行されたりして……」

池田のこの問いに、宮本が、

「そうですね。私は、小学校のころから新聞小説で菊池寛の『真珠夫人』などを読んで、当時私が世話になっていた伯父から、ませているといって（笑い）よくしかられたものです」

と答え、池田に、

「それは、確かに大変な早熟少年だ（笑い）」

と言われた後、こう続けている。

「それで中学に入ってまもなく、新現実主義といわれた菊池、芥川（龍之介）などの作品を読み始めたのがきっかけで、内外の作品を読みました。『叫び』というガリ版の同人誌を出したりもしましたが、特に将来、文学者になることを志願したというわけではなかったのです。同時に、そのころ、いかに生きるべきか、人生とは、という問題についても考えるようになり、クロポトキンの『青年に訴う』とか、高倉輝氏の『吾等いかに生くべきか』という本などを読んだ記憶があります。当時、新潮社から出ていた『現代詩人叢書』

や『新進作家叢書』なども、五十銭前後の値段だったので、発刊ごとに求めました。萩原朔太郎や百田宗治の詩集、宇野浩二や葛西善蔵の小説などもよく読みました。池田さんの自伝を拝見すると、池田さんも文学青年、哲学青年だったようですね」

これに対して池田は、

「私の場合は、十代のころから二つの夢があったのです。その一つは、非常にサクラが好きで、あのサクラを見るたびに美しさと哀しさを覚え、とにかく、将来成人したら、この日本の誇る花、サクラを十万本植えて、人々の心を楽しませたい、ということだったのです。幸い、この一つの夢は、いま富士大石寺に十万本のサクラを植樹でき、果たすことができました。ことしも、そのサクラ祭りを行いました」

と答え、宮本に、

「ほう、十万本ですか。私もサクラは好きで、先年引っ越した時も庭に苗木を植えました。私のほうは三本で（笑い）、八重桜、しだれ桜、染井吉野を一本ずつです」

と感心されている。

池田のもう一つの夢は、ビクトル・ユゴーの『レ・ミゼラブル』を読んだ時の感動が忘れられず、いつか自分も小説を書きたいというものだった。そう告白して池田は、

「その夢は一応、小説『人間革命』で果たそうと思っているのですが、これはなかなかう

まくいかず、見果てぬ夢になるかもしれません（笑い）」

と結んでいる。

池田はユゴーの他に、シラーやゲーテの詩、中でもロマンのあるバイロンに灼熱のような情熱を感じて好きだった。

そして、こう続ける。

「私は一介の文学愛好家で、難しい文学論を勉強したことはありませんが、ただ率直にいって、日本の近代文学には、革命的な要素、そこで戦った民衆のロマンといったものが、きわめて乏しいように思うのです。結局、作家の目が現実の社会に向かって開かれず、人間の官能や本能の世界ばかり見ているような気がする。現在の受身のあり方だけで、未来をどうひらくかを見ていないのではないでしょうか。その点で宮本さんが、かつて『文学と政治』と題する加藤周一さんとの対談で、小林多喜二的な『熱っぽい文学がほしい』といわれていることに、一種の共感を持っているものです。これは、日本のジメジメした私小説に対する批判の意味がこめられた発言と思われますが、革命とロマンという問題にも通ずることとです」

この問題では、宮本のお株を奪ったように池田の発言が熱い。次の指摘もそうである。

「政治家にしろ、変革と革命の運動に携わる者にせよ、現実的な厳しい政治闘争だけでは、長い目から見ると精神的には荒廃し、次第に硬直化を免れない。ゆえに、ときには熱っぽく文学を論じ、詩を歌うというような余裕を持てば、もっと政治というもののなかに、人間的香りが生まれるようにも思います。これはもちろん、たとえばの話ですが、公害問題で論争する時でも、そこに雄大な自然美をたたえるホイットマンの詩を読んでからやるとか（笑い）。なかなか、そうもいかないでしょうけれど（笑い）。

また反対に、かつてのロシアの革命詩人のように、社会的評価を高めつつある文学者が、こんどは厳しい現実を知る必要がありますね。もっと大衆の中へ、人民のふところの中へ飛び込んでいって、積極的に社会と文化ということに取り組んでいったほうが、真に民衆の支持を得た革命の文学や、生き生きした文学的ロマンが生まれてくるのではないか、と思います」

『万葉集』への共感

その後、一転して池田は、

「宮本さんは『網走の覚書』によると、獄中で『万葉集』を読まれていたそうですね。その時、どんな歌に感激され、励まされたでしょうか」

と尋ねる。それに対して宮本は、

「『万葉集』は、百合子が佐佐木信綱の編集した岩波文庫版や、土岐善麿が編集した作者別の改造文庫版などを差し入れてくれて、斎藤茂吉の『万葉秀歌』などとともによく読みました。時代の桎梏や権力の絆のもとに暮らした当時の人々の生活さえ、長い獄中生活からみれば、ある意味では彼らが人間と自然についてはより『自由人』であるような羨望を覚えたことをいまも思い出します。この点、話はちょっと違いますが、夫婦でシベリアに流刑されて勉強もし、狩猟もしているレーニンの伝記の一節を思い出して、三畳の独房の中の日本の受刑制度よりは、まだこういう流刑のほうがずっといいなあ（笑い）と感じたことがあります」

と答え、「好きな歌」として次の二首を挙げている。

○吾背子はいづく行くらむ奥つ藻の名張の山を今日か越ゆらむ
○おもしろき野をばな焼きそ古草に新草まじり生ひは生ふるがに

これを受けて池田が続ける。

「万葉人の魂は、実に純朴でしかも大らかです。実は、私も『万葉集』には捨てがたい愛着というか、人間としての共鳴を覚え、日本の古典ではいちばん好きな歌集ですね。それは戦時下の統制された時代に少年時代を過ごしたものとして、古典としては『万葉集』の中に、文学の香気を見出す以外になかったことにもよるのでしょうが、そこで得た鮮烈な印象は、いまだに胸中に余韻を残しています。

確かに『万葉集』は、千数百年も昔の日本人が詠んだ詩を集めたものです。そこには天皇や皇室の歌や、宮廷歌人の歌もある。しかし、私は、遠い時代を隔ててなお現代人の心に訴えるものがあるのは、そこに日本人の原点というか、日本民族の心情が大らかに歌われているからではないかと思うのです。

特に、『万葉集』の特徴は、すぐれた歌人の作品もさることながら『よみ人知らず』の無名の庶民が歌っている東歌や防人歌が、専門の歌人に何ら遜色なく、堂々と収められていることですね。

宮本さんの、いまあげられた歌もその中のものですが、私も、

防人に行くは誰が夫と問ふ人を見るが羨しさ物思ひもせず

という防人歌の代表的な歌が好きですね。愛する夫が、戦地へ征くのを歌った妻の作でしょうが、その愛別離苦に哀しむ情感が切々と感じられてきます」

その後、宮本は山上憶良の貧窮問答歌に触れ、池田は相聞歌に注目して「万葉人の豊かさ」を語る。

そして話は「伝統文化と歴史について」に移る。ここでは、池田と宮本の発言を一つずつ引くにとどめたい。まず、池田である。

「マルキシズムの歴史観では、絶対者的なイデー（理念）があるのではなく、社会的矛盾の中から、より高い段階の社会に発展するといわれておりますが、この高い段階の社会ということについて、私の所感を率直に述べますと、確かに物質的な側面や科学技術、通信などの面からいって、人間は原始社会から比べて、はるかに高い段階に入っている。しかし、その半面、依然として戦火は絶えないし、否、絶えるどころか、自分で作り出した科学技術の結晶たる核兵器によって、自分ならびに自分の周囲、さらには子孫までもその生存を脅かされています。こうなると、人間の精神面での境涯は決して高い段階などにいるのではなく、むしろ、ほとんど進歩していないといっても過言ではないと思うのです。

したがって、人間の幸福、生きがいといった、人間存在にとって根本的な問題から歴史をみていくとき、はたして歴史は進歩しているのかという疑問さえ生じてきます」

次に、宮本の発言である。

「あなたが、トインビー博士との対談で『愛や良心はそれ自体が善なのではなく、何に対する愛なのか、どういう原理を基にした良心なのかということによって、善にでもなれば悪にでもなるといえないでしょうか』といわれている点は印象的でした。ファシズムは、ベルグソンの『生気論』をその目的のために利用しましたが、何に対する愛と良心かということが重要だという一つの証明でしょう」

「母を悲しませるな」

最終章が「青年と婦人について」である。

青年のシラケや自己中心を問題にする二人は、池田が「個人の尊厳をあくまで基底に置き、その原理に貫かれた政治、社会の構築がなされれば」と言い、宮本も「青年をシラケさせない政治、社会を実現していくことこそが大事」と同調しているが、それ以上の発言はなく、「婦人の地位と活動」に話題を移している。

まず、宮本が、

「戦後の婦人については、政治参加と平和擁護の二つの面で、特に画期的な新しい歴史が始まったと思います」

と語り、池田はいささか自己弁解的な母親論を展開している。

「私の恩師は、生前よく『子供の教育は女親に任せたほうがよい。子供は母から厳しくしかられてもひねくれないが、父親がうるさいと必ず成長を曲げてしまう』といわれていたものです。私は、これを忠実に実行したわけではないのですが、この二十数年間、地方に行ったり、また海外に行く場合が多く、以前から家庭のことはあまり面倒をみられなかった（笑い）。それで家庭のことは、ほとんど妻に任せ、教育権も全面的に委任した状態でした（笑い）。幸い、三人の子供は主張性の強い性格のようですが、母親のいうことだけはよく守ってくれているようです」

そして、

「しかし、父親の家庭における役割も見落とせません。父親からは、自然のうちに生き方というものを吸収するものでしょう」

と続けているが、付け足した感じで、あまり説得力はない。

結びは「母を悲しませるな」という節で、池田の提案で「もっとも苦しかったこと、もっとも幸福に感じたこと」を語っている。

まず、宮本である。

「子供の時のこととしては、中学のはじめに、小さい田舎の肥料・雑貨商をやっていた家が破産状態になって、借金の返済ができないため、差押えを受けた家具が、家の前の道路に持ち出されたころもそうでした。そういう家計の状態だったので、正直者で子供思いではあったが非常に短気な父が、苦しまぎれに大酒をのんでわめきちらし、ときには母親を殴りつけたりするのを見て、たまらず母をかばいました。田舎のことですから、そういう騒ぎは、たちまち近所に知れわたるので、私は恥ずかしくて、その翌朝などは通学のために駅へ行くのに、裏通りからプラットホームの端にすぐ行ける道を通ったものです。この少年時代のつらさは、子供心には重いものでしたが、いま考えると、社会に目を開く一つの条件になったようです」

そして宮本は一転、「深い悦びだった」こととして、思想犯からの釈放を挙げる。

「終戦の年の秋、治安維持法が廃止された報を獄中で聞いた時です。この悪虐な法律で、共産党員はじめ各分野の多数の人々が直接迫害されただけでなく日本中が牢獄化されて、国民全体がまともに口がきけない状態でしたから。やはり、最後に正義は勝つのだ、という感慨を繰り返さざるをえませんでした。

網走刑務所の門を出た時の心持ちも忘れられません。それまで十二年間、私は裁判や押送で、監獄の門を出される時はいつでも手錠をかけられ、監獄の中でも、監房の外へ出る時は必ず網笠をかぶらされていました。自由に空を仰ぎ、手を振り、一人で思うところに行けるということは、それ自体すばらしいことでした。実際は『人並み』の条件になったにすぎないのですが（笑い）。その『人並み』が戦時中とかわって貴重なものに感じられたのです」

これを受けて、池田はこう語る。

「お母さんのご苦労は大変なものだったでしょうね。人間にとって本当の苦しみというのは、自分自身のことよりも、家族や家族同様に愛している人の苦しみ悲しむ姿を見ることではないかと思うのです。特に男というのは、自分のことは耐えられるにしても、家族、特に母親の苦しむのが何よりこたえます。

私の母は、明治二十八年の生まれで、地味で平凡な母ですが、八人の子供を育て、それに二人の子供まで引き取って育てあげたという苦労性の人です。父はまた近所の人たちから、代々〝強情さま〟といわれてきた家風を、そのまま受け継いだような頑固一徹なところがありましてね。その父と一緒に、傾きかけた家業を支えてよく働いていました。グチはこぼさなかったですね。私が忍耐強いところを持っているとしたら、母から受けた影響でしょう。幸いにして、私の母はいまも健在ですが、私も忙しいもので年に一度会えるか会えないかです」

母の苦しみをなくした社会

宮本の母は一九五八年に七十五歳で亡くなった。東京で一緒に暮らす段取りが進んでいた矢先だったという。

池田の母親について、宮本は、

「ご健在で結構ですね」

と言いながら、苦労の連続だった母を次のように回顧している。

「母は、酒の醸造元である田舎の旧家の出で、和裁の先生もやれたようですが、私の家に嫁いでからは苦労の連続で、商売下手の父を助けて、帳簿をつけたり商談をしたりしておりました。やさしい母でしたが、私が高等学校に入って、社会科学研究会なんかをやって村の駐在が注意するようになると、さすがに心配して、『お前一人が犠牲にならないでも』などと、しかるというのではないが、将来の不安から心を痛めていました。

私の在獄中、父は中気になって商売も日常も全く母の働きなしには暮らせなくなりましたが、その時は父も、母の言葉でいえば全く『仏様のようになった』そうで、母はそうした父を懐かしんでいました。父は、病気が小康状態になってから、店先の火バチの前に座り込むのが習慣だったようですが、私が検挙されてからは、世間をはばかって店先に出るのをやめたと獄中への手紙で母が書いてきました。その時は私も、覚悟の上とはいえ、父母たちの心情に思いをはせざるを得ませんでした。父は一九三八年に死に、その後は母が女手で家業を守ってきました。家計が苦しいのでいずれも中等学校を中退して家業の手伝いをしていた二人の弟たちが、冬など寒いなどというと、母は獄中の私のことを思うと寒いなどといえないと、火バチにも手を出したがらなかったと聞きました」

この話を聞いて池田はミケランジェロの「ピエタ」という作品に触れる。これは子であるイエスの死を悲しむ母親の姿をとらえたものである。人間の心理を鋭く突いたこの作品を挙げながら、池田が語る。

「私の場合、やはりいちばん苦しかった思い出の一つは、母が、四人の子供を次々と戦争にとられ、特に長兄が戦死したことを知らされた時の、ガックリ肩を落とした姿で、もうそのときの情景と心象は、生涯忘れることができません。

このころから、母はめっきり老け始めたようです。庶民の実直な母ですが、その母をこんなに悲しませる戦争など、いかに理屈をつけようが、絶対に許すべからざる悪魔の行為である――とどまることのない憤りが体の中を逆巻く思いでした。私の生涯の目標である戦争反対、世界平和への信条は、母の姿から受け取ったものといってよいかもしれません。

世の中の不合理や、世に充満する苦悩がしわ寄せされていくのは弱い立場の人々の上に、です。母親の苦しみというのは、まさにその象徴的なものといえます。結局、よき社会とは、こうした母の苦しみをなくした社会といえるのではないでしょうか」

その通りだろう。いまではなかなか入手し難いこの『人生対談』を、あえてていねいに紹介してきたのは、要約しては味がなくなる二人の語りを改めて読んでもらいたいからである。

池田の言葉に宮本も深く共鳴する。

「弟たち二人とも兵役にとられ、次弟は原爆で死にましたが、遺体もわからない状況でした。私は網走の刑務所で、母や妻の手紙でそのことを知りました。

お話を聞くと、あなたのお母さんも、子供さんを戦争で失われていますが、戦争は私たちの世代の多くの母親に取返しのつかない深い傷を与えました。核戦争反対、核兵器の全面禁止を私は公人として叫んでいますが、そこには原爆で息子を失った母の声も含まれている思いです」

そして、次の池田の言で終わる。

「お互いに母のことを語り合って、人生対談の結びになりましたね」

なぜ、この対談が行われることになったのか。発端となった創価学会の言論弾圧まで遡ると、話はけっこう生臭い。次章から、その経緯をたどっていきたい。

第二章　創価学会の言論弾圧

菅義偉の「学会批判選挙」

二〇一六年五月に出した拙著『自民党と創価学会』（集英社新書）で、自民党が一九九四年に機関紙「自由新報」で二十回にわたって展開した激しい公明党＝創価学会批判を紹介したが、「自由新報」は一九九六年から九七年にかけても八十二回にわたって学会批判を連載していた。ジャーナリストの内藤国夫と政治評論家の俵孝太郎による交互執筆である。それからわずか二年後の一九九九年に自民党と公明党は連立政権を組むわけだから、野合としか言いようがない。両党とも理念や政策など世を欺く飾りでしかないのだろう。

驚いたのは、この「新進党＝創価学会ウォッチング」というシリーズの四十回（一九九六年十一月五日付）で内藤が自分の居住地の衆議院神奈川二区で「当選が、至難視された新人候補の菅義偉（すがよしひで）氏」を応援したと報告していることである。

内藤は菅を「小此木彦三郎通産大臣（当時・故人）の秘書官を経て横浜市議を二期務めたあと代議士への飛躍に挑戦した侠気にあふれる男」と紹介している。

内藤はそれまで総選挙レベルで自民党の候補者に投票したことはなかった。それが妻子を説得してまで菅に投票させたのは、菅が「選挙期間中、党本部がハラハラするほど厳しい創価学会批判をやってのけた」からだった。

「当確です」の連絡を受けて内藤は菅の選挙事務所まで出かけ、菅の当選御礼の挨拶を聞く。笑顔はなく悲愴感さえ漂っているように見えたのは、同区で競った相手が学会出身で現職の上田晃弘だったからだろう。学会は連日一万人前後の全国動員をかけて上田を全面支援した。

表情を引きつらせながら菅は次のように語ったという。

「私は選挙期間中、政教分離の大切さをずっと訴え続け、創価学会という巨大組織と真っ向から戦った。私の学会批判選挙に対する妨害があまりにも激しく、政党同士の戦いとは思えなかった。戦った相手は宗教団体だったと私は思っている。こういう選挙はもう二度としたくない」

たとえば選挙期間中の同年十月十八日午後三時過ぎ、選挙カーに乗った菅が演説していると、

「創価学会を批判するな」

と中年の女性が四、五人、絶叫しながら、乗っている自転車もろとも選挙カーにぶつかってきたり、割れんばかりに窓ガラスを叩いたりした。

身の危険を感じた菅陣営は最終日の十九日に選挙カーの前後に警護車を二台つけて突発事件の発生に備えたという。

現官房長官の菅はおよそ二十五年前のこの時の体験を忘れたのだろうか。それとも学会の恐ろしさが身にしみて、以後、自ら学会への接近を図ったのか？

周知のように、いま安倍（晋三）内閣を支える菅は、自公「合体」政権の立役者として、創価学会副会長の佐藤浩と太いパイプを持ち、「政教一致」の政治を切り盛りしている。

「政教分離の大切さをずっと訴え続け、創価学会という巨大組織と真っ向から戦った」かつての〝初心〟はとうに捨て去ったかのようである。

亡くなった内藤は、それをどう思っているだろうか。

内藤国夫が指摘した「創価学会の悪癖」

その内藤が前記の「自由新報」の連載の第八十一回（一九九七年十月十四日付）で、創価学会の「出版妨害（民主主義への敵対）体質は一向に改まらない」と書いている。当事者の述懐を引こう。

「しかし、全くの徒労に終わっているわけではない。うっかり疑問を表明できない組織だから、即効性に欠けるが、百万人をすでに十分超す脱会者の存在一つを見ても、筆者の努力がムダではないと納得させられる。

しかも（連載が）これだけの長期に及ぶのである。初めのうちこそ、自分一人で走るしかなかったが、すぐにさまざまな協力者や伴走者が現れ、ボランティア的に手助けしてくれるようになった。

出版妨害事件への謝罪を世間に表明するかたわら、組織内部では、『内藤国夫に『公明党の素顔』（注・筆者の処女作、出版妨害事件の嚆矢（こうし）でもある）の本を叩きつけ、いつか、きっと詫びさせるんだ！』と池田氏から厳命され、『ハイッ！　復讐を絶対にします』と誓った原島嵩元教学部長が伴走者に転じた代表例。

初めて明かす秘話だが、昭和五十二年前後の数年間は、公明党書記長（のち委員長に昇格）も筆者と一緒に走ってくれた。互いに電話で相手を呼び出す暗号名が『新宿の田中』だったと記憶する。何をどう話し合ったかは、記者倫理上、この世では明かさない。

そして最近の二年間ほど、強力な伴走者が、思いもよらぬ自民党であった。自民シンパではなく、〝元〟革新シンパの私ごときを起用するのは、自民党の懐の深さと、貴重な野党経験を経て、万年与党時代の悪しき体質を改めたせいというのが、私の理解である。連載執筆快諾理由であった」

菅義偉の百八十度の転身を含めて、現在の腐臭漂う「自公合体政権」の惨状を見ずに内藤が亡くなったのは、ある意味で幸せだった。

内藤の結びはこうである。

「私は一貫して、創価学会の悪癖について具体的事例を指摘しつつ論じてきた。一言で要約すると、創価・公明を相手に票や協力ほしさで利用しているつもりの人や組織が少なからず存在するけれど、それらは決まって裏目に転ずる。つまり、いずれ必ず逆に利用され、最後は手玉にとられたあげく、ダメージの大きさに泣かされる恐れが強いとの指摘であった。願わくば、これら一連の警鐘が将来に生かされんことを」

『創価学会を斬る』から本格化した言論弾圧

内藤国夫の『公明党の素顔』(エール出版社)が出たのは一九六九年七月だが、それへの弾圧を序章として、創価学会の言論弾圧は同年十一月刊行の藤原弘達(ひろたつ)著『創価学会を斬る』(日新報道)から本格化した。それは常軌を逸したもので、池田大作の側近中の側近だった藤原行正(ゆきまさ)が池田に呼ばれて学会本部に行き、池田から、

「政治評論家の藤原弘達が学会批判の本を出そうとしている。選挙前にこんな本が出るのは邪魔だ」

と言われ、

「藤原君は彼と面識があっただろう。すぐに相手と話をつけて、余計な雑音を押さえろ」

と命じられるところから始まった。

それが一九六九年八月末である。すでに同書の出版予告が出ていた。

藤原行正著『池田大作の素顔』（講談社）によれば、当時、学会勢力は七〇〇万世帯を越え、国会へ進出した公明党議員も衆参両院で五十人近くを数えていた。

これだけの力を備えれば批判にさらされるのは当然だと彼は思ったが、池田はそうは考えなかった。日の出の勢いということもあって、批判は許さないという体質だった。

池田が藤原行正に出版中止のために動けと言ったのは、藤原が学会の渉外局長として、名のある評論家や作家を訪ね、池田の本を贈ったりして、学会への理解を深める働きをしていたことがあるからである。

藤原弘達の家にも何度か押しかけた経験があった。

池田の命を受けて行正は同年八月三十一日の早朝、世田谷の弘達宅を一人で訪ねた。玄関のブザーを押したのは午前七時ちょうど。出て来た夫人によれば、弘達は就寝中ということで、二時間後の九時に再訪した。

そして迷惑そうな顔の弘達と一時間ほど話し合ったが、この時、行正は五つの依頼項目を用意していた。

「その内容はまず近く選挙もあるのでできれば本の出版そのものを取り止めてもらいたい。それが無理なら『創価学会を斬る』という刺激的な題名を変更してもらいたい。三番目の依頼事項として出版時期を延期してほしい。それも駄目なら四番目、事前に原稿を見せてほしい。

そして最後、もっとも重要な依頼項目としては池田会長（当時）について本文中で言及するのを遠慮してもらいたいというものであった」

これは日本国憲法で保障する言論の自由をまったく弁(わきま)えぬ言論弾圧である。いま、公明党は、言論の自由のなかった明治憲法に戻そうとするような自民党と連立を組んでいるが、これでは、それに抵抗して護憲を主張できないわけである。

「私の言葉は学会の憲法だ」

池田は傲岸にもこう言っていたと行正は証言している。

また行正は「この出版妨害事件の際、学会側から相手の弘達氏の自宅に投げ込まれたイヤガラセの投書類は優にミカン箱十箱分はあったろう」とも書いている。

電話作戦も強烈で、学会本部が学会員を総動員して、学会批判をやったテレビ局やラジオ局、そして雑誌編集部にどんどん電話をかけさせる。

「家に火をつけるゾ」

「夜道に気をつけろ」

といった脅迫電話を個人の家にもかけさせた。

行正によれば、池田は別の手も打っていた。それは見境なくという感じである。学会系の潮出版社の幹部だった池田克也（のちに衆議院議員、リクルート事件で逮捕）らに大手の取次や書店に働きかけさせていた。

「もし新刊書の『創価学会を斬る』を取り扱うなら学会系の潮出版社の刊行物をすべて引き上げることもありうるゾ。そんな脅迫めいた裏工作が九月中旬から連日展開されていた」のである。

版元の日新報道の社長、遠藤留治は「言論出版妨害事件を振り返る」座談会で、当時、十一社の取次と契約していたが、軒並み、取り扱えないと断られ、藤原弘達と相談して、独占禁止法違反で公正取引委員会に提訴しようとした、と発言している。

しかし、栗田出版が引き受けてくれたので提訴はできなくなった。遠藤は、

「私の推測ですが、最初の一〇万部くらいは創価学会が買い占めたんじゃないでしょうか。それで、こちらもドンドン刷る。さすがに、このままでは手に負えないと諦めたようです」

と振り返っているが、そんなこともあって、最終的には正味百万部のベストセラーになった。

「絶対に事実無根で押し通せ」

そうした最中の一九七〇年一月十一日、公明党の国会対策委員長だった渡部一郎が創価学会の学生部幹部会で講演し、言論出版妨害事件を「笑い話のような事件」であり、「バカバカしい話」と全否定した上で、「自民党に貸しはいろいろあるが借りはない」「社会党のウスバカ」「共産党は宮本天皇のもとに、かすかに生息している」と中傷したことが『赤旗』に暴露され、火の手はさらに燃え上がった。

同じ日に、政治評論家の細川隆元がＴＢＳの「時事放談」で「公明党はナチスに通ずる、今度はこの席に関係者を呼んで問いただす」と発言し、池田大作に出演を依頼したが、池田は「体調不良で多忙」と逃げる一幕もあった。

二月九日には、作家の五木寛之、野坂昭如、結城昌治、梶山季之、佐野洋、戸川昌子が創価学会系の潮出版社の出版物への執筆拒否を宣言している。

そして二月十七日に衆議院本会議で社会党委員長の成田知巳がこの事件を取り上げ、翌十八日には同じく衆議院本会議で共産党の米原昶（いたる）が次のように質問した。ちなみに米原はロシア語通訳で作家だった米原万里の父親である。

「最近広く問題になっているように、評論家の藤原弘達氏及び出版社が、藤原氏の著書

『創価学会を斬る』の出版にあたって、公明党及び創価学会から事前に出版の中止や、内容の変更、原稿の検閲などを要求されたり、出版後もこれを一般の書籍販売ルートから締め出すような圧力が加えられるなど、重大な出版妨害を受けたことを訴えております。その中に、昨年十月、田中（引用者注・角栄）幹事長から、公明党竹入委員長の依頼だとして出版中止の勧告を受け、さらに出版される著書を全部公明党が買い取るという形でこの書物をやみに葬るという話をされたとの訴えがあります。これについて、田中幹事長は、公明党との関係はぼかしながらも、おせっかいをやいた、として、介入の事実そのものは認めております。もし介入の内容が藤原氏の訴えどおりであるとすれば、田中幹事長の行動が出版妨害、言論買収の行為であることは明白であります」

田中が「おせっかい」と称した介入については後述するが、ここでは米原の質問を続けよう。

「公明党あるいは創価学会を批判した書物に対して出版妨害が加えられたのは、これが初めてではありません。『公明党の素顔』の著者内藤国夫氏、『これが創価学会だ』の著者植村左内氏、『創価学会・公明党の解明』の著者福島泰照氏をはじめ、多数の人々がその被害を訴えております。特に内藤国夫氏の場合には、昨年三月に竹入委員長に直接呼び出され、大幅な原稿の書き直しを要求されたと証言しております。特定の政党や団体を批判する書物を出版しようとすると、その出版をやめさせるためのさまざまな圧力がかかる、事実上の買収工作まで行なわれる、あるいは出版物の販売が妨害される、このような出版妨害行為は、断じて許さるべきものではありません。（拍手）

もし出版の自由の侵害が放置され、横行するならば、基本的人権と民主主義そのものが破壊されることになります。戦前の出版・言論の自由の抑圧が、侵略戦争と軍部専制のあの悲惨につながったことは、国民の記憶にまだなまなましいところであります。それだけに、今回の出版妨害問題は重大であります」

これに対して当時の首相、佐藤栄作は通り一遍の答弁をした。

国会で成田と米原の質問が行われる前に、竹入義勝が大問題となる発言をした記者会見が一月五日にあった。とにかく「絶対に事実無根で押し通せ」と池田が無理を言ったために竹入はそう言わざるをえなかったのだが、その内容を箇条書きに記す。

一、共産党は、藤原氏の本の出版について、私が自民党の実力者を通じて出版を取り止めるよう依頼したと（『赤旗』に）書いているが、その事実はない。私と矢野書記長を含めて（同席の矢野書記長が「公明党、創価学会を通じて」と言い直す）出版会社に出版の取り止めを依頼したおぼえはない。

一、選挙中だったし、昨年の都議選のときのような共産党との次元の低い泥仕合を再びやるべきではないと、厳正な審判を受けるため、あえて反論を避けてきたが、選挙も一段落したので、この際、明確にしておきたい。

一、（「藤原氏の問題だけでなく、一切の問題で事実無根といえるのか」との質問に）その通りだ。出版をとりやめてもらいたいというようなケチな考えは持っていない。

一、（同席の矢野書記長が付け加えて）事実無根としかいいようがない。それを一方的に事実というのなら、立証責任は向こうにある。

完全な開き直りである。これに激怒したのが著者の藤原弘達だった。藤原は田中と対談した時のテープを持っているし、田中に「竹入から頼まれた」と言われてもいる。

さらに、この対談を隣の部屋で池田と竹入がこっそり聞いている姿を仲居に目撃され、その事実を当時『産経新聞』記者だった俵孝太郎がスッパ抜いているのである。

独裁者を欲する人たち

池田が最も恐れていたのは証人喚問だった。「とにかく俺を守れ」の一点張りで、竹入らはキリキリ舞いさせられた。

藤原行正は『池田大作の素顔』（講談社）に書いている。

「この時、池田大作の見せた醜態はひどかった。言論出版妨害問題が国会で取り上げられ、池田本人の喚問の可能性が生じるや、この男は日ごろの威張り返った仮面を脱ぎ捨てた。国会という公の場でギューギューやり込められたら、もうお手上げだ。学会内部のウソでかためた池田崇拝など吹っ飛んでしまう。自分の正体が暴かれるのを、池田はおそれ、あわてた。そのうろたえぶりは哀れというより無残だった」

のちに弘達と〝藤原対決〟をした行正に、弘達はこう述懐している。

「ぼくは並の宗教専門家などよりも創価学会をよく知る人間だと自負しておるけれども、そういうぼくがつくづく不思議に思うのはだね、創価学会の幹部連中および一般会員というのはいったい何を考えとるのかってことなんだな。だって、あなた、常識的にみて池田大作という男は大ウソつきであり、自由な言論の妨害者であり、宗教を野心達成の手段に使うペテン師であるわけだ。そういった人間であることを暴露するような事件やスキャンダルを、すでにいくつも起こしている。にもかかわらず、池田大作はいぜん独裁者であり続けておると、そこんところがどうも納得いかねえんだなあ。創価学会の連中はいったい何やってんのかねえ」

つまりは、だまされたがっている人たちが宗教に吸い寄せられ、中でも現世利益を説く創価学会に熱中するのだろう。独裁者を欲する人たちが独裁者をつくるのである。

池田の逆鱗に触れた竹入義勝の「秘話」

それでは、ここで田中角栄に登場してもらおう。

一九九八年夏に『朝日新聞』に連載された竹入義勝の「秘話　55年体制のはざまで」はこう始まった。

「田中角栄元首相に対しては野党の立場から厳しく追及したが、政治的にも、人間的にもすばらしい人だった」

これが池田大作の猛烈な怒りを買うことになる。自分に対する感謝ではなく、田中の礼讃から始まるとは!!　予想外だっただけに池田は憤慨し、

「自分の力で偉くなったと錯覚する者は馬鹿者である。馬か鹿なんです。人間じゃない」

と口を極めて罵った。

この池田発言が呼び水となって『公明新聞』や『聖教新聞』などに凄まじい限りの竹入批判が溢れた。

「天下の変節男」「欺瞞（ぎまん）の天才」「畜生以下の非道」「銭ゲバ」「ヘビ」等々。

これがヒューマニズムを謳（うた）う新聞の紙面に載ったのである。公明党の委員長をやった竹入に対して、ここまで口汚いバッシングをするのは、自分に向かってツバするようなもの

ではないか。

中国との国交回復は自分がやったと自慢していた池田にとっては、竹入が田中と一緒になってそれを成し遂げたと語っていることも許せなかった。

「創価学会の世界には独特の論理がある。『辞めるか辞めないかは、自分で決めることではない。任免は池田大作会長の意思であり、勝手に辞めるのは、不遜の極みだ』というものだ」

公明党の委員長を辞めるか辞めないかは、創価学会会長（当時）の池田が決めるという竹入のこの証言も、池田の逆鱗に触れた。

竹入は「秘話」の中で、田中と親密になった経緯を次のように証言する。

「親しくなったのは、国会の質問で貸しを作ったことだった。公明党の参院側が、田中さんの国有地払い下げ問題や女性問題を取り上げるということになった。六八年六月にジャーナリストが仲立ちし、東京・紀尾井町の料理屋で話をした。

田中さんは『女性問題は、責任をとっているので取り上げるのはやめてほしい』と率直に訴えてきた。（中略）駆け出しの私に誠心誠意、話をするなあと感心した。この会談があって、党の参院幹部に『自民党の中では相当伸びる人だし』ということで女性問題の質問はやめてもらった」

ここで「借り」をつくった田中は「言論出版妨害事件」で創価学会の側に立って事件の収拾を図ることになる。

竹入証言によれば、こうである。

「六九年末に表面化した言論出版妨害問題のときは、佐藤栄作首相と自民党幹事長をしていた田中さんには、助けられ、感謝している。終生忘れない。国会では罵詈雑言（ばりぞうごん）を浴びせられ、ほかにだれも助けてくれる人はいなかった。

創価学会批判の本が出るというので、私が田中さんに頼んで仲介に動いてもらったのだが、田中さんは追及されると、『竹入に頼まれたのではない。幹事長だから勝手におせっかいをやいているだけだ』と釈明していた。これには感激した。（中略）言論出版妨害問題は田中さんらに対し大きな負い目になった。国会対策でも田中幹事長時代に、よく協力を頼まれ、党の基本政策に抵触しない限り、対応した。日中正常化ができたとき、『これで借りがかえせたな』と正木良明政審会長と喜び合ったものだ」

田中角栄の交渉力

前述したように、この事件では池田の証人喚問もあるかという騒ぎになったから、創価学会や公明党は必死だった。その意を受けた田中の〝交渉〟はストレート過ぎるほどにストレートである。

立花隆が『「田中真紀子」研究』(文藝春秋)で藤原弘達から聞いた話として語る。

ある料亭に藤原を招いた田中は、

「何とか出版をやめてくれないか」

と頼む。

藤原が断ると、田中は次々と条件を出した。まず、カネである。

「いくらでも、ほしいだけ出させる」

その場合も、頼まれて出版をとりやめたということになっては困るだろうから、形式的には出たことにし、それを全部、創価学会が買い取る。部数はいくらでもいい。

それも断ると、田中は次に地位を提案してきた。

「お前は何になりたい。何でもなりたい地位につけてやる。政府や公的機関の役職でも、民間企業、民間機関の役職でも、大学のポジションでも、なりたいものがあったらいってみろ。どういう地位にでもつけるようにしてやろう」

それにもノーと言った藤原に、田中が最後に提案したのは次のようなものだった。

「よしわかった。それでは、こういうことではどうか。ここで田中角栄の願いを聞いてくれるなら、それを自分の一生の恩義とする。そしてこれからの生涯、いつ何時、何でもいいから、田中にしてもらいたいということが出てきたら、そのとき何でもいってくれ。それが何であれ自分はその望みをかなえるために全力をつくし、必ずそれを実現してやることを誓う」

それでも藤原は拒否したのだが、この時の体験をこう語っている。

「いやあ、あの交渉力はすごいね。政治家田中角栄のすごさの秘密をかいま見させてもらったよ。うじうじ理屈なんかこねないで、いきなりストレートにグイグイくるんだ。相手の欲望がどこにあるかを見抜こうとして、直截的な表現でくる。ちょっとでも世俗的欲望があるやつなら、たちまち見抜かれて、コロリといっちまうんだろうね」

それにプラスの符号をつけるか、マイナスの符号をつけるかは別として、とてつもなく絶対値の大きい人物だったということだろう。

貸し借りも、田中はスタティックに捉えるのではなく、ダイナミックに考えた。臨機応変と言えば聞こえはいいが、揺さぶりの道具として使った節も見える。

たとえば一九八四年九月十日、田中は箱根で開いた田中派の青年研修会で、

「将来、改憲となれば、公明党は賛成する」

と発言し、オフレコで、

「創価学会や公明党は何でも角栄の言うことを聞く」

と放言した。

それが流れ、公明党は角栄の手先なのか、と竹入や矢野のところに取材や抗議が殺到した。

田中派事務総長の小沢辰男が次のように釈明する騒ぎにまで発展したのである。

「角栄発言は、公明党は頼りになる、信義に厚いということなんだ。が、脱線してしまい、大変ご迷惑をかけた。申し訳ない」

しかし、田中と創価学会、公明党の関係はもともとそれほど深かったわけではない。むしろ、それは田中と竹入の個人的な関係に凝縮されていた。

田中が脳梗塞で倒れた時、竹入は矢野に、

「角栄が病気で自民には誰に手を打ったらいいのか」

と嘆いている。

現在は小沢一郎の知恵袋として知られ、発足時の公明党の相談役だった平野貞夫は『公明党・創価学会の真実』（講談社）で、ズバリとこう指摘している。

「自民党と公明党・創価学会との関係は、佐藤栄作—田中角栄—竹下登—小渕恵三の流れだと思われがちだが、それは実態とは違う。歴史的には、岸信介—福田赳夫—安倍晋太郎のほうがより深いといえる」

その例証として平野は二〇〇一年三月十一日付『聖教新聞』の記事を挙げる。それによると、一九五八年三月十六日の本山の式典に首相（当時）の岸信介が出席する予定だったが、反対があってかなわず、名代として、岸夫人の良子、娘の洋子、そして洋子の婿で首相秘書官だった安倍晋太郎が参加することになったという。

この式典への岸の出席は、岸が自民党幹事長時代から親交のあった創価学会第二代会長、戸田城聖との縁で、岸が希望したものだった。

もちろん、岸の孫で晋太郎の息子の安倍晋三との関係も浅からぬものであることは言うまでもない。

付け加えれば、竹入がその人格まで否定されるバッシングを受けたのは田中が亡くなって五年後のことだった。

ちなみに首相経験者で池田と最も会った回数が多いのは田中の政敵だった福田赳夫だろうという内部の証言もある。

藤原弘達が半世紀前に予告していた自公連立

一九九九年春、『創価学会を斬る』の著者、藤原弘達が亡くなると、藤原宅には夜中じゅう、

「おめでとうございます」

という電話が鳴り響いた。

『週刊新潮』の二〇〇〇年三月三十日号で充子夫人はこう証言し、

「実は嫌がらせは主人が死んでからも続いたんです。出版妨害事件の時は段ボール箱に3箱以上の嫌がらせの投書が来ましたし、警察がうちの子供に警備をつけなくてはならないほど脅迫が相次ぎました。（中略）彼らは本当に仏教を信じているんでしょうか……」

と続けている。

一九六九年に刊行された『創価学会を斬る』はおよそ半世紀後の現在を恐ろしいまでに予告する。しかし、残念ながら文庫化されず、古本で買うか、図書館でしか読めない。

著名な政治学者の丸山真男門下の藤原のこの本の目次から紹介しよう。

第一部　実態――これが創価学会の正体だ

1　恐るべき創価学会の本質

2　創価学会的政治主義とは何か

第二部　分析――その病理を衝く

3　そもそも宗教をなんと心得るか

4　創価学会・公明党七つの大罪
5　創価学会の天皇・池田大作と幹部たち
第三部　展望——その危険なる未来
6　創価学会はどこまで伸びるか
7　党勢拡大へのためのさまざまなる新組織
8　強引きわまる公明党選挙作戦
9　公明党の政治的主張を裸にする
10　公明党の目指す政治体制は何か
11　公明党は果たして政権をとれるか
12　創価学会・公明党で日本を救えるか

そして、藤原はこう結論する。

「創価学会・公明党が目下ねらっているものは、自民党との連立政権ではないのか。公明党は宗教勢力としての基本的性格からいっても、反共であることは否定できない。日本共産党は理論的停滞にもかかわらずいくらかは議席がのび、党員を拡大し、『アカハタ』も売れているという事情にあるけれども、公明党に比べた場合、とくに議会に代表を送る力からみると公明党の方が共産党を上まわっていることは否定できない事実である。だが、この公明党が現在党勢の拡大によって何をねらっているかといえば、いうならば自民党との連立体制であるとみなさなければなるまい。もし自由民主党が過半数の議席を失なうというようなことになった場合、公明党に手をさしのべてこれとの連立によって圧倒的多数の政権を構成するならば、そのときは、日本の保守独裁体制が明らかにファシズムへのワンステップを踏み出すときではないかと思う」

藤原が危惧した通りに自公連立が成立した一九九九年、盗聴法(通信傍受法)が通り、住民基本台帳法が改正されて国民総背番号制とも言える住基ネットの稼働(二〇〇二年八月から)が決まり、日の丸・君が代が法制化された。近年では安保法制という名の戦争法にも公明党は賛成したが、藤原はこの指摘の後をこう続けている。その眼力には敬服するしかない。

「公明党が社会党と連立政権を組むとか、野党連合の中に入るというようなことは、まずありえないと私は考える。その意味において、自民党と連立政権を組んだとき、ちょうどナチス・ヒトラーが出た時の形と非常によく似て、自民党という政党の中にある右翼ファシズム的要素、公明党の中における宗教的ファナティックな要素、この両者の間に奇妙な癒着関係ができ、保守独裁体制を安定化する機能を果たしながら、同時にこれを強力にファッショ的傾向にもっていく起爆剤的役割として働らく可能性も非常に多くもっている。そうなったときには日本の議会政治、民主政治もまさにアウトになる。そうなってからでは遅い、ということを私は現在の段階において敢えていう。それがこれだけ厳しく創価学会・公明党を斬らざるをえない問題意識なのである」

「必ず先生の仇をうちます」

藤原は次のようにも指摘している。

「私は池田創価学会会長が出てくるときは、まさに公明党が自民党との連立体制の一角を占め、総理大臣への展望をもった何らかの大臣になれるというときに公明党委員長として乗り込んでくるのではないかという判断すらしている。衆議院に進出することはないと繰り返しいっておきながら衆議院に進出している前例からみるなら、創価学会会長・池田大作の、政党の委員長になるということはない、創価学会会長としてあくまでやる、といった発言は、あまりあてにならない。政権を担当しても日蓮正宗を国教にすることはないと述べているが、それもあてにならない。それほど状況即応的でオポチュニスティックな行動をする集団なのである」

池田が恐れたように、藤原は池田の底意を摘出した。

一九七〇年五月三日、池田は創価学会本部総会で講演し、国民に謝罪した。そして、言論の自由の遵守と政教分離等を約束したが、それはあくまでも嵐を乗り切るためのポーズに過ぎなかった。

教学部長だった原島嵩が『池田大作先生への手紙——私の自己批判をこめて』（晩声社）で、その底意を次のように明かしている。

「言論問題の責任をとって、池田先生が『関係者の方々にお詫びに行きたい』などというのも、やはり建て前であったことはその後の歴史が明確に物語っています。事実、その当時、逆に、私にすごい形相で『タカシ！（私の名前）いいか！　必ず仇をうて、いつか、この本は何だ！　と本人の前にたたきつけるのだ』と、それは恐しいけんまくで言うのでした。私は、『ハイ！　必ず先生の仇をうちます！』と返事をし、必ず先生を苦しめた人間たちを先生の前にひれふさせてみせるという誓いを心に決めたのです。

しかし、結局のところあの五月三日の発言は、一時撤退、ないしは迂回作戦にすぎなかったのです。報道関係者、文化人を多数呼び、公の席上発表したことも平気でホゴにしてしまうことが、はたして仏法の上でも、社会の上でも許されることなのでしょうか」

創価学会の学生たちに囲まれ

私はテリー伊藤と二〇〇〇年の夏に『お笑い創価学会　信じる者は救われない』（光文社）という共編著を出し、身の危険を感ずるような執拗な攻撃を受けた。この本は文庫本も含めて三十万部ほど出たが、自分の体験からも池田および学会員が『創価学会を斬る』の出版妨害で反省したとはとても思えない。

『お笑い創価学会』が出て三ヵ月くらい経って、私は慶大の日吉校舎に講演に行った。そこで創価学会の学生たち十数人に囲まれたのである。

市民もまじえた公開講座に私が来ることを知って、彼らは私に文句を言おうと待ち構えていたのだろう。

彼らはまず、名誉会長に会いもしないで、と言った。しかし、私はいつでも池田と対談するつもりはあると、版元に抗議に来た学会広報部の人間にも伝えている。

それを、取材もしないでとか、会うこともなしにと言ってくるのは笑止の限りで、それこそお笑いだろう。

なおも食い下がる学生たちにそう言って、私を呼んでくれた教授たちと夕食を摂って出て来たら、まだ待っていた学生の一人に、創価学会学生部発行の『大学新報』なるものを渡された。十月発行の第五号で、そこに「『お笑い創価学会』を嗤う」という書評めいたものが載っている。

「言論人の誇り」をなくしたブラック・ジャーナリストには「庶民の信仰」の力は見えてこない！　と見出しは勇ましいが、いきなり印税の話。そして、反学会の批判文章だけをテキストにしているとして、こう書く。

「腐った材料を汚れた手で料理して出す『レストラン佐高』『ビストロ・テリー』なんて『雪印』以下で営業禁止でしょ」

吹き出してしまったのは最後に無頼のジャーナリスト、竹中労の次の言葉を持って来ていること。

「こんにち、創価学会を攻撃するジャーナリズムに欠落しているのは、『宗教』とりわけ民衆の宗教、庶民の信仰とは何かという根本の理解である」「反学会キャンペーン、信仰をおとしめる人々に、無名・無告の庶民への連帯はあるか？」

これを書いた学会学生部長の弓谷照彦は「私は今も、この言葉が生きていると信じている」と結んでいるのだが、竹中は公明党（学会）が自民党と組んだと知ったら、憤激のあまり、墓の中から起き上がってくるだろう。竹中は無告の民をファシズムに走らせないために論陣を張っていたのだ。

一九七五年夏、日本ジャーナリストクラブ主催の大激論会で、竹中は自民党の浜田幸一や中山正暉に痛烈な野次をとばし、怒ったハマコーが、

「バッジをつけているのが恥ずかしくないかなんて言ったやつ、出てこいよ、お前」

と怒鳴ると、竹中は、

「お前呼ばわりされる覚えはない」

と応じて、あわやの一幕になった。

一九九九年に公明党が自民党と連立して政権に入るまでは、私も学会系の『潮』や『パンプキン』に連載を持っていた。しかし、禁じ手の自民党との連立以来、鎌田慧と共に私は協力をやめたのである。竹中も生きていたら、そうしただろう。竹中の批判はいま、学会に向けられていることがわからない者は哀れと言うしかない。すべてを自分に都合よく解釈する学会員の特徴がそこに出ている。彼らに反省とかはなく、対話は成り立たないことを私は自分の体験で知った。

批判する者はすべて「仏敵」

二〇〇一年夏から、池田は露骨に出版妨害事件の改ざんを始める。それは日本の右派が「南京大虐殺はなかった」と歴史の改ざんをするのに似ている。

『聖教新聞』に池田大作名で連載している「新・人間革命」で、ある学会員に、

「先生と言論・出版問題とは関係ないじゃないか」

と言わせる前に、池田は「随筆　新・人間革命」で、真相を究明しようとした国会議員らの質問や、池田を証人喚問しようとしたのは「信教の自由を侵害する凶暴な嵐」「理不尽な罵倒」「狂気じみた悪口」と開き直り、彼らを「仏敵」と非難した。

ちなみに、私は先年の安保法制という戦争法を強行した自民党と公明党に対し、反対する市民集会のプラカードに、

「自民党に天罰を！　公明党に仏罰を！」

と書かれているのを見て感心した。公明党、創価学会にこそ仏罰が下されなければならない。

この池田の傍若無人な言いがかりに、「仏敵」呼ばわりされた共産党委員長（当時）の不破哲三が二〇〇一年七月二十二日付の『赤旗』で次のように反論した。題して「創価学会・池田大作氏に問う　31年前の『猛省』は世をあざむく虚言だったのか」。

「私がとりわけ重要だと思うことは、〝自分たちは、どんな無法なことをやってもいつも『仏』、それを批判するものはすべて『仏敵』だ〟という究極の独善主義——以前、『邪宗撲滅』を前面に押し出していた時期にむきだしの形で現れ、社会的な批判の的となった独善主義が、この文章のなかに、まるごと復活していることです。自分たちへの批判をおさえこもうとした言論・出版妨害の行為の是非を、社会的道義の立場から吟味しようという

理性は、ここにはまったくありません。創価学会・公明党がやった行為が何であれ、それに批判をくわえるものは、撲滅すべき『仏敵』であり、この『仏敵』にたいする戦いでは、どんな手段も許されるのです」

この体質は変わらない。

二〇〇〇年の三月十三日に、東京都の大田区議会で公明党の区会議員が、それこそ信じられない質問をした。

「質問」というより〝焚書坑儒（ふんしょこうじゅ）〟的要望である。

「『週刊新潮』『週刊文春』『文藝春秋』を全大田区の全図書館から排除してもらいたい」

この議員は「週刊誌は人のことを中傷している」とし、「私は不愉快だから何とかしてもらいたい」と訴えた。

「不愉快」の感じ方は人によって違う。私は、公明党のバックの創価学会のドン、池田大作の跋扈（ばっこ）こそ不愉快だが、それでも、彼の本を図書館から排除してもらいたい、とは思わない。

しかし、彼らは排除を求める。それは自信のなさを表してもいる」のだろう。同時に、自分と違う意見を尊重し、それを発表する自由を守るという民主主義のイロハのイがわかっていないことを意味する。

公明党と近い東京都知事の小池百合子が「希望の党」なるものをつくって話題になったが、排除を口にした途端に凋落した。ファッショ的体質ということで小池と公明党および創価学会は重なるのかもしれない。

警告を発していた城山三郎

二〇〇二年七月号の『文藝春秋』に城山三郎が「私をボケと罵った自民党議員へ」を発表した。自民党と公明党が一緒になって成立をもくろんだ「個人情報保護法」という名の権力者疑惑隠し法案に、鬼気迫る感じで反対していた城山を、ある自民党議員がボケ呼ばわりしたことに城山が反論したのである。

「城山のような理性派が（法案反対を）言うと、国民は馬鹿だとは言わないが、そのまま信じてしまう。総理や賛成した議員の名前を刻んだ『言論の死』の碑を建てると言っている。きちんと抗議をすべきだ。法案の内容を言わないで、こうした発言をすること自体が言論の統制だ。マスコミが反対すればするほどいい法案なんだから自信をもってやるべきだ」とその議員は発言し、「城山はボケているから、こういうことを言うんだ」と付け加えたのである。

この法案は週刊誌にスキャンダルを書かれることを嫌った池田が、自民党と公明党が連立を組む条件として自民党にその成立を求めたといわれる。

そのためか、公明党も熱心で、当時、国会対策委員長だった太田昭宏が城山に会って説得することになった。この反対運動に城山を誘ったのが私だったので、城山に一緒に行こうと言われ、承諾した。

ところが、それを城山が太田に伝えると、

「その人はまた別の機会に」

と私の同席を断ってきたのである。

『お笑い創価学会』の著者には会いたくないということだろう。肝っ玉が小さいというか、自信のない奴らだな、と私は思った。

前記の『文藝春秋』で城山はこう言っている。

「私が『言論の死』の碑を建てると言ったのは、過去の歴史を踏まえてのことです。戦前、治安維持法が様々に拡大解釈されて、多くの人々がひどい目に遭い、命を落とした人もいる。しかし、その治安維持法を作った人、法案に賛成した議員たちがいったいどういう人間だったのかが、いま、わからなくなっている。その無責任さが、今回の法案に対する議員たちの態度にもつながっているように思えてならないのです。だから、今回、もしメディア規制法案が通るようなことがあったら、後世のために、誰がこの法律を作ったのか、歴史に議員たちの名前を刻むべきだと言っているのです」

残念ながら、この建碑は実現しなかったが、自民党と公明党の議員の名が刻まれるはずだった。別格として池田大作の名も特筆大書されるべきだったろう。

いま、個人情報保護が疑惑を追及するメディアの規制にしばしば使われているのを見る時、城山の警告は当たったと言わなければならない。

城山はまた、「これまでにも何度か陰湿な形で圧力を受けた経験」を次のように語っている。

「『小説日本銀行』を書いたときには、連載していた『エコノミスト』誌の編集長と副編集長が政財界関係者の懇談会に呼ばれて吊るし上げられた。結果、二人は飛ばされて、私の連載は予定の半分で打ち切られてしまいました。佐藤（栄作）内閣のときには、公安筋が作った『寄稿の望ましくない著作家』というリストに名前が載せられていた。法的な根拠などまったくありません」

共産党の機関紙『赤旗』に書いたことがある人が「望ましくない著作家」とされたのである。

個人情報保護法で同学年の池田と城山は賛成と反対と立場が分かれたが、つまり、この時から明確に池田（および創価学会、公明党）は言論を弾圧する側にまわり、城山や私はそれに抗議して抵抗する側にまわったということになる。宮本顕治および共産党も後者の側である。

宮本顕治の独善性

私は共産党に対しても批判があり、二〇〇七年七月十八日に宮本が九十八歳で亡くなった時、共同通信に求められて次のような一文を書いた。

〈いまから十年前、当時八十八歳の宮本顕治氏はまだ日本共産党議長だった。不破哲三氏が委員長で、志位和夫氏が書記局長。

そのころ私が、宮本氏とほぼ同年配だったわが師の久野収に、

「不破さんは宮本さんの前に出ると何も話せないらしいですね」

と言ったことがある。即座に、

「君が僕に何も言えないようなもんだろ」

と返されてギャフンとなったが、宮本氏の主導した党の民主集中制は、民主ではなく、集中制にアクセントが置かれて、宮本ワンマン体制をつくりあげた。そして、共産圏の党の独裁者と重ねられて〝老害〟のイメージを生んだのである。

当時私はある新聞から「共産党論」を求められて、党批判をハネ返したいなら、まず、宮本議長に引導を渡すことだ、とコメントした覚えがある。さらに、宮本氏に対するクーデターもできないで日本の革命なんかできるわけがないだろう、という感じがする、とも。

宮本氏をはじめ、数人の共産党幹部が転向をせず、戦争反対を貫いた功績を認めるのにやぶさかではないが、大衆と離れ、孤立していった誤りについての責任も免れることはできない。しかし、政治学者の丸山真男東大教授や哲学者の久野収氏がそれを指摘すると、宮本共産党は機関紙の『赤旗』で両氏を大々的に批判したのである。

いま、共産党が力を入れている「九条の会」の呼びかけ人に小田実氏が入っているが、宮本指導下の党では、平和を求める市民運動を展開する小田氏も激しく批判された。宮本氏が影響力を失って、ようやく市民運動との連携が党の口の端にのぼるようになったとも言える。

もちろん、組織的には、党のゆくえを民主的に議論させるのは容易なことではないだろうが、それにしても、離党者、脱党者に対する「反党分子」といった非難は尋常ではない。そうした体質は宮本ワンマン体制で、より強くなったのではないか。出て行った人から学ぶ姿勢がなければ組織は強靭にならない。離党者に党の批判を書かせ、それを『赤旗』に載せて、みんなで本気で議論するといったことは宮本体制下では望むべくもなかった。

東大経済学部在学中に『改造』の懸賞論文に応募し、芥川龍之介を論じた『『敗北』の文学』で一席に入選したことが宮本氏の自信の拠りどころとなり、文化も自分が一番よくわかっているのだとして、文化をも政治が支配する空気を党内につくってしまった。その時の二席が小林秀雄の「様々なる意匠」であり、その後、年上の作家の宮本百合子と結ばれたことが、いよいよ彼の自信を増幅させていく。こうした背景もあって、文化の自律性に終生気づかなかったことが宮本氏の独善性を生んだようにも思うのである〉

いま読み返しても、かなり厳しい批判だが、しかし、これによって共産党が私に絶縁状を叩きつけることはなかった。

つい先日、二〇二〇年の四月十六日にも共産党本部に行き、書記局長の小池晃と「とことん共産党」というネット番組に出て、一時間ほど語り合った。

「その人はまた別の機会に」と私を忌避した公明党（創価学会）とは対照的である。

第二章

池田大作をめぐるスキャンダル史

公明党の頭越しに結んだ創共協定

創価学会と共産党の、いわゆる創共協定はさまざまな波紋を呼んだ。特に自民党と公安関係者にとっては驚天動地のことだった。

当時の首相、三木武夫は公明党委員長の竹入義勝にこう電話したといわれる。

「我々は、創価学会、公明党は、少なくとも反共陣営にあり、我々と同じ立場にあると考えていた。しかし、どうも違っていたらしい。反共のとりでが共産党へ寝返ったというのなら、これからは、創価学会と公明党に対して、共産党と同じく反体制の勢力として対応させていただく。財界も、警察も、司法も同じだ。共産党と同じように公安の調査対象とする。アメリカ政府とも対応を協議する……」

創価学会の顧問弁護士で池田大作のスキャンダルのもみ消し役をやっていた山崎正友が『「月刊ペン」事件』(第三書館)で、三木のこの言葉を紹介し、これに竹入らが震え上がって創価学会本部に駆けつけ、野崎勲らを、

「とんでもないことをやってくれたな。今、共産党並の権力の弾圧を受けて、ウチがやっていけると思うか。素人が、我々の頭越しに政治に手を出すから、こんなことになるんだ!」

と怒鳴りあげた、と記している。

しかし、野崎は池田の意を受けて動いたに過ぎない。竹入らも重々それはわかっているが、池田を批判するわけにはいかないから、野崎らに八つ当たりした。

これに最も動揺したのは池田だった。『創価学会を斬る』出版妨害を激しく糾弾する共産党の鉾先をかわすために、まさに竹入らの頭越しに結んだ創共協定である。それが権力の怒りを招き、公安の監視の対象になるなどとは思いもよらなかった。

「宗教と共産主義の協定というのは歴史上はじめてのことだ、後世に残るだろうな」

こう自画自賛していた池田は、あわててハワイへ逃げ出した。

この協定は結ばれた直後から破綻し、山崎が前掲書で指摘している如く、「あとに残ったのは保守勢力側の警戒心と、そして、池田大作会長と竹入義勝ら公明党首脳の間の、深刻な亀裂だった」のである。

池田は「宮本顕治というのは、ずるくて悪い奴だ。二人きりのときは下手に出るが、記者やカメラマンが見ていると、〝自分が上だ〟ということをことさら態度で示そうとする。本当にいやな奴だ。二度と会いたくない」と言っていたらしいが、公明党首脳は公安筋に「池田側近に、アカがいる。共産党の影響下にある連中が、協定実現へと働いた。今その連中は遠ざけられて正常にもどった」と説明してまわったという。

『月刊ペン』に売り込まれたスキャンダル

だが、公安筋は一度警戒心を抱いたら、容易にそれをゆるめない。公安調査庁の下請けの仕事をしていると自称する安藤竜也という情報屋がいた。

その安藤が一九七六年初頭、創価学会批判をしていた『月刊ペン』の編集長、隈部大蔵に池田のスキャンダルを売り込んできた。

「公安筋は、〝創共協定〟以来、創価学会に対して警戒と嫌悪の念を抱いており、今回の情報を故意にリークしてマスコミに書かせようとして」いるというそのネタは次のようなものだった。

「戸田城聖が情婦の柏原ヤスを参議院議員にしたように、池田大作も、情婦を国会議員にしている。渡部通子と多田時子である。特に多田は、旧姓は湊といったが、お下げ渡しで、参議院議員の多田省吾にあてがったのである。渡部通子は、渡部一郎代議士の妻である。

その他、池田大作のお手付け女性は数知れず、いずれも、やせがたで、プロポーションが良く、インテリ風のタイプである」

思わず目をむくような情報で、隈部は安藤に情報料を払い、社長の原田倉治にも相談して、このネタを掲載することにした。

同年三月一日発売の四月号に「極悪の大罪犯す創価学会の実相」という大見出しが踊り、「戸田・大本仏に勝るとも劣らない漁色家・隠し財産家〝池田大作・本仏〟」という小見出しが付いた記事は、さすがに固有名詞がイニシャルにされている。

「彼は、学会内では〝池田本仏〟であり、その著書（？）『人間革命』が日蓮大上人の『御書』と同じ地位に祭りあげられているにもかかわらず、彼にはれっきとした芸者のめかけT子が赤坂にいる。これは外国の公的調査機関も確認しているところである。さらにT子のほかにもう一人の芸者のめかけC子が、これも赤坂にいるようである。ところで、そもそも池田好みの女性のタイプというのは①やせがたで、②プロポーションがよく、③インテリ風――のタイプだとされている。なるほど、そういわれてみると、お手付き情婦として、二人とも公明党議員として国会に送り込んだというT子とM子も、こういうタイプの女性である。（中略）それにしても戸田のめかけの国会議員は一人であったので、池田のそれは大先輩を上回る豪華さではある！　しかも念のいったことには、この国会議員であった情婦のうち一人を、〝会長命令〟（!?）かなんかで、現公明党国会議員のWの正妻にくだしおかれているというのであるから、この種の話は、かりに話半分のたぐいとして聞いても、恐れ入るほかはあるまい」

渡部一郎は、池田との関係を承知しながら、好きだったので松島通子と結婚したのだが、

結婚後も続く関係に不服で、池田に反抗的な態度をとった時、池田は理事会の席で、

「貴様は何様だと思っているのだ!!」

と怒鳴りつけ、

「弟子を煮て食おうと焼いて食おうと、師匠の勝手だ」

と続けて、その剣幕に渡部は失神したといわれる。

それはともかく、池田のスキャンダルを発表した「月刊ペン」社と隈部を創価学会は訴える。告訴状が出されたのが四月十二日で、何と一ヵ月余後の五月二十一日、隈部は逮捕された。

告訴人になることを拒んだ池田

雑誌の編集長を名誉毀損でいきなり逮捕するということはほとんどない。言論の自由とのかね合いもあり、異例のことだったが、学会が公明党を使って警視庁に圧力をかけたのはまちがいなかった。

しかし、検察にまでは当時は圧力が及ばない。検事は「池田さんが告訴状を出さない限り、隈部の起訴はできない。このまま釈放するしかない」と通告してきた。

北条浩ら学会首脳が動揺する中で、山崎らはこう説明した。

「名誉毀損罪のような親告罪は、告訴がなければ事件が成立しないのです。金銭問題についても訴えるなら話は別だが、女性問題にしぼっての告訴は、学会単独で行うことに弱さがあり、無理な部分があります。直接の、そして一番の被害者である池田先生が告訴しないのはなぜか、と誰もが不審に思うでしょう。警察は、それでも創価学会に対する義理から、強い要望に応じて告訴を受理し、隈部を逮捕してくれたのです。

しかし、検事は、別の観点から捜査しています。起訴して裁判に持ち込み、公判の維持ができるかどうかという点を中心に考えて捜査します。

その結果、池田先生の告訴抜きでは裁判所の心証をそこね、世間が騒いだりしたら、公判維持が困難になると考えているのです。

犯罪事実が明白であり、被告人が争わないということがはっきりしていれば、検事は何も問題にしないでしょうが、被告人が事実を否定し法廷で徹底して争うことが予想されれば、検事としては、自信がもてないのではないでしょうか。

それに、常識では当然告訴人になるはずの池田先生を隠したまま起訴したら、検察が創価学会に特別扱いをし、一種の治外法権を認めたようで、マスコミに追及されかねないということで、検察の自己防衛の意図もあると思います」

とにかく池田は内弁慶だった。批判者もいる外の空気に触れたくないとして告訴人にもならなかったのだが、スキャンダルが反論できない事実だったからでもあろう。そうでなければ、「常識では当然告訴人になるはず」の池田がそれを避ける理由が見つからない。

この一件では、当時、東京地検の検事で、のちに公明党の代表になる神崎武法も相談に加わっている。

スッタモンダの末、池田は渋々、告訴人になり、隈部は起訴された。そして、今度は池田が証人として法廷に立つことが問題になる。それを阻止する裏工作を担当した山崎がその経緯を詳述したのが『「月刊ペン」事件』で、副題が「埋もれていた真実」である。

池田大作と松島姉妹

それでは、ここで池田のセクハラを当事者とも言える藤原行正の証言で追ってみよう。池田の一歳下で側近ナンバーワンでもあった藤原は『池田大作の素顔』(講談社)に書く。

一九五五年に渡部一郎の妻、通子の姉の郁子(旧姓松島)と結婚した藤原は、以後、池田の松島姉妹へのセクハラに悩む。

郁子は池田の前会長の戸田城聖にかわいがられたが、戸田は池田の郁子への邪心を知っていたという。

それで、池田のいる席で、藤原と郁子の婚約を祝福し、

「ふたりが結婚することになったから、みなで応援し守ってやりなさい」

と指示した。

これについて藤原は「池田が変な気をおこして私たちの結婚を邪魔しないよう、戸田先生が先手を打って根回しされたのだと、あとで先輩幹部から教えられた」と記している。

池田は一九五二年にかねと結婚したが、その翌年頃から、早大生だった松島通子と深い仲になり、姉の郁子にも接近しようとした。

その事実を藤原は姉妹の母親から打ち明けられ、こう感謝されたという。

「娘二人を池田に盗られるところだったのに、行正さんのおかげで一人だけ助かった」

結婚が決まった後、藤原は池田から、

「藤原君、郁子さんは理想の高い女性だからなあ」

と負け惜しみ的に嫌みを言われた。

「きみで大丈夫か……」

とも呟かれたが、よほどご執心だったのだろう。

披露宴でも、池田は藤原夫婦をまともに祝福せず、藤原にとっては不愉快だった。

参謀室長だからとスピーチを頼んだのだが、池田は仲人の北条浩を持ち上げるだけで、夫婦のことには触れない。

気分直しに余興で「田原坂」を歌ったら、

〽天下取るまで　大事なからだ

という歌詞にイチャモンをつけ、

「藤原君、天下を取るなんて文句は戸田先生がお歌いになるものだよ。君が歌うのはおかしいんじゃないか」

とまで言った。

さすがにムッとして言い返そうとしたら、そんな雰囲気を察して、戸田が近づいてきた。

すると池田は豹変して、

「いやあ、先生、二人は本当にお似合いのカップルですね」

と逆の顔をして見せたのである。

一九六〇年春に池田が戸田の後を継いで創価学会の第三代会長になった。その年、池田は郁子に本部入りの話を持ち出す。二児の母親となっていた郁子をなおも誘ったのである。使いとなったのは妹の通子だった。

姉妹の父親の松島勇は国鉄在職中に入信し、池田が営業部長をしていた大蔵商事という高利貸し業へ出資していた。その縁で松島家へ出入りし、特に通子と親しくなる。

ちなみに、この時代の池田について、『仁義なき戦い』の脚本家、笠原和夫のこんな証言がある（笠原他『昭和の劇』太田出版）。

「ちょっと池田大作のことを調べたことがありましてね。そうしたら、かなりひどいことをやってるんですよ。池田大作は青年部にいた前、財務を担当してたんですね。そこで高利貸しをやってたんですよ。それで、苦しい商店街とかあるでしょ？　そこに金を貸して、返せなくなると、即刻、土地を担保に取っちゃうんですよ」

取った後に、新しい職を見つけてやったり店を開かせたりして学会に取り込んでいく。池田より一歳上で、観念だけでは生きられない戦後を生きてきた笠原は、それを「偉い」と思って映画化しようとしたがダメだった。

「要するに、観念でもって今さら宗教だなんて言うやつはおらんと。金だと。食うためにやるんだと。現実主義で金を集めるために宗教をやるんだと。じゃあ、それを誰がやるのかという時、俺がやってやるよと出てきたのが池田大作なんですよ。宗教家なんていうのは、みんな金貸しなんてやりたくないわけでしょ？　それで返せなくなったら土地を取り上げるなんてことは一番汚い。要するに手が汚れる話ですよ。それを誰がやるのかという時に、俺がやってみせると。それが池田大作の今の出世の基なんですよ」

この池田のアクの強さに、インテリの卵の松島通子はイカれた。池田は地方指導などにも通子を同行するようになる。

これを不快に思った戸田は、愛弟子の渡部一郎の申し出を受けて通子と婚約させ、青年部の前で公表した。渡部は池田と通子の関係を知っていてプロポーズしたのであり、

「俺は通子を、必ず池田から取り返してみせる」

と宣言していたという。

学会員家族の災い

しかし、婚約後も結婚後も、取り返すことはできなかった。

長男が生まれた時も夫婦仲は冷えていて、郁子が見舞いに行くと、通子は池田が生まれた子に、池田の次男と同じ城久という名前をつけてくれたと嬉しそうに話した後、

「主人はまだ見舞いにきてくれない。妊娠して以来、冷たい」

と泣いたとか。

渡部が荒れて、いまでいうＤＶで通子を殴ることもあったらしい。

藤原は「夫になぐられて、顔をはらしたまま本部へ出勤した通子を、池田が意味ありげに慰めるといった光景も見られた」と書いている。

渡部は戸田から将来を嘱望され、

「一郎という名前はよくないから、オレの一字をやる。おまえは渡部城克と改名しろ」

とまで言われた。それだけ目をかけられていたのである。同じように改名をすすめられたのが、のちに会長となる秋谷栄之助で、城永と名乗っていた。しかし、戸田が亡くなって池田時代となり、共に戸田からもらった名前を捨てる。

それどころか、渡部は藤原が池田に叛旗を翻すと、妻の通子と連名で「今後は藤原家といっさいつきあいません」と誓わされた。

そのため、通子は藤原家に同居している老いた母親を訪ねることもなく、渡部は義父の法事の席にさえ顔を出さない。

戸田は「一家和楽」という言葉を後継者の池田に託したが、池田は「一家和楽」を憎悪した。世襲させようとした次男の城久が急逝したということもあったかもしれない。

藤原は一九八九年の時点でこう記す。

「親に向かう子のまなざし、夫を見つめる妻の視線まで強引に自分へ向けさせた。学会員は片時も会長たる自分の存在を忘れるな。三代会長・池田大作とはそういう人間だった。不幸な生立ちと異常な性格が彼をそうさせたのだろう。そこに池田本人の宿命的な不幸があり、わが一族に象徴されるような学会員家族の災いが生じた。

人生の偶然から池田大作という男と遭遇したばかりに、私たち夫婦や渡部夫妻は重荷を背負って坂道を行くような三十年を余儀なくされたのである」

「亭主より池田先生が大切」

池田が会長になって、藤原は九州に飛ばされる。単身赴任で東京に帰れるのは月に一度か二度だった。

その貴重な夜に、池田から郁子に呼び出しがかかる。連絡してきたのは通子である。

「池田先生が待っておられる。早く音楽を聴きにいらっしゃい」

午後の十一時を過ぎていた。非常識にもほどがある。しかし、会長の誘いである。郁子はそわそわしはじめた。

その日、郁子は本部へ行き、池田と会っていた。午後九時ころまで幹部たちと懇談し、池田と多田時子、通子、郁子の四人で一緒に信濃町の駅に来て電車を待った。

その時、池田が三人に向かって、

「これからうちへ来て、ベートーベンの『運命』を一緒に聴かないか」

と声をかけた。多田時子も渡部通子も共に亭主持ちだが、二人は即座に、

「はい、喜んでお供します」

と答えた。

しかし、郁子だけが、

「申し訳ありません。今日は主人が九州から帰る日で、洗濯物の始末もありますので失礼させていただきます」

と断った。そして帰宅したのである。

ところが、また、誘いの電話をよこす。

藤原は、自分がいるのを知って深夜に呼び出しをかけるのは、自分を試しているのだな、と猛烈に腹が立った。「黙って女房を差し出すか、なお逆らうか」の踏み絵である。

「行くなら、行け」

藤原は郁子にそう言い、

「ただし、行くんだったら、二度とこの家に帰ってくるな」

と付け加えた。

夫の殺気だった気配に妻は行くことを断念する。

池田が会長になる直前、郁子に女子部長就任の話が持ちかけられた。しかし、藤原が難色を示し、この話は流れた。代わりに女子部長となったのが多田時子で、その後任が渡部通子だった。共に国会議員となる。

「彼女たちは亭主より池田先生が大切というタイプ、郁子は私のような亭主と出会ったばかりにせっかくの最高ポストを棒に振り、逆に池田から徹底したいじめを受けることになった」と藤原は書いている。

「池田先生の郁子さんへのいじめは凄まじかったわね。もし私が郁子さんの立場にいたら発狂していたと思う」

郁子の親友は当時を振り返って、こう嘆息したとか。

いやらしいでなく、うらやましい

池田は女子部の幹部や本部の女性職員に身のまわりの世話をやらせた。会長が相手だから、世話する方は純粋である。ところが、下心のある池田は、まず、背広をかけさせる程度の用を言いつけ、次に相手の表情をうかがいながら、肩をもませ、裸の胸をさすらせる。

これが池田の手口で、こうしてねらった相手を落としていくのだった。

信心する者は盲目になるのだろうか、女性の信者たちは池田との親しさを競い、「お手付きになりたい」という声まで出る。

テリー伊藤との共編著『お笑い創価学会』（光文社）に収録したレポートで驚いたのは井田真木子の「池田大作　欲望と被虐の中で」だった。

「なぜ、彼女たちはそれほどまでに〝池田先生〟に夢中になれるのか」という問題を設定して、井田はさまざまな声を拾う。

「池田はつねに抜擢した女性の誰かれを特別扱いしてみせる。池田のいわゆる女性スキャンダルというのは、もっぱらそういった特別扱いの抜擢女性との間のことですから、これは学会の女性にとってスキャンダルたりえないんですよ」

「女性のスキャンダルが出ることは、彼女が抜擢された証拠なんですから、いやらしいわ、じゃなくて、うらやましいわ、いいわねえ、くやしいわねえになってしまうの。そういう構造になってるんですよね」

「うぶな中学生だったら一発で憧れてしまうようなすごい美人の先生なんかがいるわけですよ。そういう先生が、顔面紅潮させて、今日は〝池田先生〟が学校に来て下さいました、みんなでお話を聞きにいきましょう、なんて言う。ぞろぞろと講堂に行くと、〝先生〟はそこでピンポンをしている。なんか変な光景だなとは思いますよ、当然。

でも、〝先生〟が一言、暑いなと言うと、クリームソーダがさっと出てきて、〝先生〟は半分ぐらいそれを飲むと、美人の先生にグラスをわたすわけ。そうすると、先生はそれを高々と掲げて、これが〝先生〟のお飲みになったクリームソーダですって叫んでさ、恭しく口をつけるわけ。で、そのあと、ソーダが僕ら全員にまわってくるの。

僕は、その美人の先生が口つけたところはこのあたりだったっけ、なんて思いながら、チュッとか口をつけましたけどね」

最後は創価学園出身の二世の話である。

杉田かおるが語った「メロンのお下げ渡し」

創価学会信者だった女優の杉田かおるは『杉田』（小学館）で同じような体験を披露する。芸術部の会員が池田を囲んだ食事会で、「最高指導者の先生」がデザートに出たメロンを、

「このメロンは天皇陛下と私しか食べられない」

と宣い、ひとさじすくって口に含んだ後、

「みんなにも食べさせてあげたい」

と言って、食べかけのメロンを隣の席の人に渡した。

恭しく受け取ったその人は、同じスプーンで同じようにすくって口に入れ、また隣の人へ……。

「悪夢のようだった」と杉田は思い、「ただ気持ち悪さが背筋を走った」と書いている。

「お下げ渡しと称して、こんなばかげた不潔なことをさせるのが、最高指導者なのか」と思いつつ、彼女は目をつぶって飲み込んだというのだが、こうしたことに「気持ち悪さ」や「不潔さ」を感じない人間しか、学会の信者にはなれない。

池田は一定期間、一人の女性を特別扱いすると、次の女性を選ぶ。そうすることによって、池田の周辺には女帝は存在せず、たえず特別扱いする女性が生まれる可能性が残る、とも井田レポートは指摘している。

学会は現世利益を説き、欲望の全面肯定から出発して、底辺の人たちを惹きつけた。その会長の池田はそれこそ、下半身の欲望を全面肯定して恥じるところがない。会員はそれに憧れているのだろうか。

藤原行正による宣戦布告

藤原行正と郁子は息子の範昭に、いわば呪縛を解かれる。

池田は本命だった石田次男を追い落として三代目の会長となったが、造反者には、

「あの男は会長になりたがったから、罰が当たって気が変になった」

と中傷した。原島嵩らもそれに真っ向から反論したが、それこそ池田の思う壺だった。

「悪知恵とドロ仕合にかけたら百戦練磨の強者だ。きれいごとは無用、大義名分や正義にこだわるから池田に乗ぜられた」のである。

範昭は、だから、

「会長の座を狙って何が悪い」

「池田大作だって狙ったじゃないか」

と居直ればよかったと言う。

そうすれば、池田には打つ手がなく、黙るしかなかったはずだ。

「ご本尊に向かい、題目をあげるのが日蓮正宗の信仰だよね。池田大作を崇拝するのが信仰じゃない。出ていけというのなら、池田が出ていけばいい。われわれは本当の信仰をしたいだけ。池田がいなくても信仰上はなんら困らない」

この範昭の言葉で藤原は池田への宣戦布告を決意した。

一九八四年六月六日、学会の初代会長の牧口常三郎の誕生日に、藤原は新高輪プリンスホテルで自身の藍綬褒章受章を祝うパーティを開き、五千人が集まった。

池田に断りなくやったこのパーティに池田は激怒する。その日、池田と秋谷は中国訪問中だったが、国際電話で知らせた幹部が居り、憤激した池田は秋谷に、

「藤原にあんなパーティを開かせやがって！　おまえの監督不行届きだ。ここで土下座して私に謝罪しろ」

と命じたという。さすがにためらっていた五代会長の秋谷も、池田のあまりの剣幕に土下座せざるをえなかった。

その後の池田の反応について、範昭は次のように予想して、それが当たることになる。

「親父が大パーティをやれば、池田は激怒するだろう。その怒りを見た側近たちは点数稼ぎのために藤原潰しを画策しようとするはずだ。しかし、側近らの動きは池田が止める。それだけは間違いないよ。池田は長い時間をかけて、実力者の親父の名前と存在を学会内部から消してきた。ここで騒げば、藤原行正が見直され、その名が高まるからやらない。池田とはそういう思惑を働かせる人間だよ」

黙認という行為に出た池田を見て、範昭はこう言ったとか。

「池田の性格を見抜くことにかけてなら、学会の大先輩のだれよりもぼくは自信がある」

そして、それから四ヵ月後の十月三日夜、池田に思いもよらぬ悲劇が訪れる。世襲が禁じられていた創価学会で、後継者にしようと画策していた次男の城久が急死したのである。池田には博正、城久、尊弘と三人の息子がいたが、おとなしい長男と三男より、次男が適任だとして着々と世襲路線を進めていた。

その死は何人かの学会員を救うという副産物をもたらした。彼らは息子を死なせた経験を持っていた。その時、池田から、

「病気をする人間は信心が足りないからだ」

「子が死んだのは仏罰だ、一から信心をやり直せ」

といった言葉を浴びせられてきたのである。

藤原は目の前でその光景を見てきた。自分の家族を亡くして泣くに泣けない状況の中で、信心が足りないからだと言われる辛さは想像に余りある。

池田城久は石川信一という偽名で、古参の学会員の病院へ入院していた。息子が病気になっては池田の神通力が疑われるから、それを隠さざるをえなかったのである。そして急死。池田はそれについて一切触れず、ただただ時の過ぎるのを待った。学会員が忘れてくれるよう願ったのである。

「この男の身に降りかかった唯一の法難、それは次男・城久君の死であった」と藤原は書いている。

「『月刊ペン』事件」前代未聞の裏工作

そして話は『月刊ペン』事件の裁判に戻る。

圧力で逮捕された編集長の隈部大蔵は怒って、

「こうなれば、命をかけてとことんやる。池田大作を法廷に引き出し立ち往生させてやる」

と声を高くした。

しかし、証人に出たくない池田は告訴人になることさえ渋った。それでは訴訟にならないからと周囲が説得し、告訴人となったが、出廷はしたくない。神崎らは示談をも考えた。もちろん山崎もである。

そして、「証人に出たくないから示談してくれ」という前代未聞の裏工作が進められる。「聞かれたくないことがあるのか」「やはり事実だったのか」と世間の物笑いになる工作だった。そこでも忖度(そんたく)が働き、都合が悪くなれば、御大は知らなかったということになる。側近が勝手にやったということになるのである。

隈部は陸軍中野学校の出身で、戦後は米軍の情報機関のスタッフとして働き、西日本新聞の論説委員をしていたこともある。

社長の原田倉治は右翼筋の人間だった。

それを頼りに山崎は笹川良一の息子、陽平と接触する。日本の黒幕の良一とは、内藤国夫の『公明党の素顔』の出版を抑えようとして都議会公明党の連中が本の買い取り交渉をしてもらったことがあった。

それで山崎は北条浩とも相談し、陽平に示談の下交渉を持ちかける。

『「月刊ペン」事件』によれば、山崎は深夜の零時過ぎにホテルニュージャパンの事務所を訪ねた。

「私たちは、メンツにかけて、絶対に池田先生を法廷に立たすことなく、隈部を有罪にしたいと決意しています。そのためには、どんな犠牲を払ってでも、どんな相手であろうと、会の総力を上げて立ち向かうつもりです」

山崎はこう切り出し、

「しかし、好んで無益な争いをするつもりは毛頭ない。隈部本人は別として、『月刊ペン』の役員方とは、できれば戦いたくない。〝反共〟という点では、創価学会と彼らは同じ立場だ。創共協定で誤解したかもしれないが、言われるような共闘協定ではない。実際、この国の下層の人々が左傾化するのを防ぐために、創価学会ほど役に立っている存在はないはずだ……」

と続けると、陽平は、

「私どもも、池田先生と創価学会には、日頃敬意を表しています。反共のとりでとしての存在意義も高く評価しています。何よりも、池田先生のような方がこんなことで傷つけられてはならない。また、親しくしている山崎先生が、危険なことに手を付けられるのを何とかして差し上げたいと思う気持で、多少差し出がましいことを言いました。決して他意はありません」

と答える。山崎はさらに、

「隈部大蔵本人には、ちょっと手の付けようがありません。しかし、『月刊ペン』社の原田倉治や栗原一夫ら役員、それに重富弁護士らには、創価学会と争う動機が見当たらないのです。原田社長らは、隈部に引きずられてこうなったことにうんざりしているという情報が、警視庁筋から入っています。そうであれば、原田社長らと腹を割って話をし、そのうえで、彼らの手で隈部を押さえることができないものでしょうか。

全面的に謝れとかいうつもりはありませんが、少なくとも池田会長を証人として法廷に呼び出すことだけはやめさせることができないでしょうか。話し合うとなれば、もちろん、こちらも、これに対してしかるべき代償を考えなくてはならぬと考えています。そのうえで今後の日本のためにも、これまでのことを水に流して、先方と付き合いたいと思います」

と付け加えた。

「事情はよく分かりました。あれから、親父の秘書にちょっと確認したところ、栗原一夫先生は親父と古くからの知り合いで、サッパリした性格の人で、腹を割って話ができると思います。

原田倉治は、勘定高い総会屋ですから、それに、別に怨念や執念があるわけでもないから、親父の威力は充分及ぶと思います」

と陽平は応じ、次のように結んだ。

「ところで、創価学会という大看板のことですし、私も親父の名前や力を使って動かなくてはならないと思うから、私と山崎先生とだけで話を進めるというわけにはいかない。山崎先生にとって池田先生が師匠であると同じように、私にとっては、親父が師匠ですから、一応親父に話して相談し、了承を得ますが、よろしいですか？ もちろん事前調査ということで……」

「反共のとりで」としての創価学会

池田は日蓮正宗総本山大石寺のあった富士宮市の名誉市民第一号になっている。その窓口となった山崎を池田は〝私のキッシンジャー〟と市長に紹介したが、キッシンジャーが事をうまく運んでいくためにも、学会の表向きの顔の理事長、北条浩が笹川良一にあいさつする必要があった。

そこで北条が笹川の自宅に行き、笹川と会談する。夜遅く学会本部に戻ってきた北条は、待っていた山崎に上機嫌で、こう言った。

「笹川さんは、気持よく引き受けてくれたよ。『月刊ペンかパンかしらんが、そんなゴロツキ雑誌はとっちめてやる!!』と息まいていた。

『創価学会は、反共のとりでとして、国のために役立っている。池田さんをこんなけしからんことで中傷するなんて、とんでもないことだ。大体、男の下半身には人格はないというのが私の持論だ。私は、たくさんの女性と付き合っていたが、皆、私より早く死んだ。位牌を作って、毎日拝んでやっているんだ。まだ迎えにくるんじゃないぞ、俺はまだこちらでやることがあるからな、と言ってな』と、いや、とにかく威勢がよくて、面白い人だ」

これについて山崎は、笹川一流の池田への皮肉と受け取ったが、北条はまったくそうは思っていなかった。

確かに笹川は池田が女性たちと関係があったことを前提として話している。池田の否定を一顧だにしていないのである。自分と同類の人間として冷やかしているとしか思えない。

そして、一九七六年も押しつまった十一月三十日、山崎はホテルニューオータニの「さざんか荘」の一室で、栗原一夫に弁護士の重富義雄と向かい合った。仲介役は笹川陽平である。

「ここは、去年、池田さんと宮本顕治さんがお会いになった部屋どす」

と女将が紹介する。

「例の椎名（引用者注・悦三郎）裁定で、三木（同注・武夫）さんの総理就任が話し合われたのもここです」

と陽平が付け加え、

「これはまた、因縁の深い場所で、本日は我々が大変なお話をするわけですな」

と重富が受けて、座がなごんだ。

そして自己紹介の後に陽平が良一の次の言葉を伝える。

「このようなことで、創価学会と、自分に近い立場の民族派と言われる人たちが争うことは、日本のためにならない。創価学会は戦後、共産主義に対する防波堤となって、底辺の人たちをアカに走らぬよう引き止める役割を果たしてきた。これからもその役割はまことに大切である。その指導者である池田大作先生を女性スキャンダルなどで傷つけることは、国家的な損失である。何とかしたい」

重富が『月刊ペン』側としては、池田が告訴状を出すとは思っていなかった、と打ち明ける。検事も「創価学会としては、池田さんをさらしものにするわけにはいかんだろうから、起訴前に示談になるだろう」と予想していたのである。

ところが、山崎とは別ルートで矢野絢也が依頼した弁護士たちの見込み違いで、思わぬ成り行きになった。

それで池田が吠える一幕もあった。

北条、秋谷栄之助、龍年光（りゅうとしみつ）、山崎、それに中西治雄が並んだ席で、池田が山崎に、

「友さん、久しぶりだな。元気か!!」

　と声をかけ、

「さっき、全部北条さんから聞いた。皆判断が甘かった。君の言ったことが正しかった。はじめから君にまかせておけばよかったんだ」

　と続け、さらに、

「矢野は、絶対に大丈夫だと言ったのにこのザマだ。あ奴は、悪党だ。乗せられたお前たちもお前たちだ！」

　と怒りをぶつけながら秋谷をにらみ、山崎を見て、

「何とかできるか!!」

　と尋ねた。

　いい気なものだと言うしかない。そもそも池田がセクハラしなければ問題は起こらなかったわけで、最大の悪党は池田なのである。

　唖然としつつ、山崎が、

「何とかなると思いますが……」

　と口ごもると、池田は物凄い形相になり、

「君が、今、そんな確信のないことでどうするんだ!!

〝何とかなります〟と、はっきり言え!!」

とどやしつけた。

のちに龍も山崎も池田に反逆することになるが、暴君ネロに仕えた彼らが哀れにさえ思えてくる。

山崎正友の造反

池田出廷阻止の謀議は進み、隈部の訴訟費用も負担している原田が示談金五千万円を要求した。それをめぐってやりとりがあり、結局、二千万円で落着する。

それが十年経って、山崎の造反で引っくり返るのである。

隈部の依頼を受けて山崎は最高裁に上申書を出した。

「私は昭和三十九年四月、弁護士登録以来創価学会顧問弁護士をつとめており、昭和四十五年以後は、学会はえぬきの弁護団の中心者として、創価学会のダーティーな事件の裏処理にあたってきたものです」と始める上申書は池田および学会を揺るがす強烈な紙爆弾となった。

「隈部大蔵氏の事件について率直にいって隈部氏を罪におとし、かつ、池田大作氏を法廷に出廷せしめないために、汚い裏工作を行った事実」も山崎は告白した。

「当時は現代の仏であると信じた池田大作氏を護り、創価学会を護ることが最大の正義であり、そのために必要とあらば手段を選ばぬのは当然と確信して」いたからである。

「池田氏の女性関係が事実であることについては、今年六月初めに公表された内藤国夫氏のレポートについて、池田氏らがついに名誉毀損罪による告訴という手続きをとらなかったことからも裏付けられます」

この上申によって原判決は破棄され、東京地裁に差し戻しとなった。一九八一年四月十六日である。

池田の女性スキャンダルについて、私生活といえども、公共性があると判断したのだった。土壇場の大逆転である。

差し戻し審で池田が出廷

同年七月十八日、池田の後の四代会長になっていた北条が急死した。そして、差し戻し審が始まる。

渡部通子の証人尋問が行われたのは一九八二年九月十七日だった。いろいろに否定を重ねても、通子はこれまで語ってしまっているのだった。

たとえば一九七九年に発行された創価大学の女子学生が発行するサークル誌『たんぽ

ぽ』で、彼女はインタビューにこう答えている。

「池田先生に、自転車で多摩川べりに連れて行ってもらった。池田先生は夜空を指して『通子、見上げてごらん。来世に生まれてくるときは、あの星はキラキラ光るダイヤモンドになってかえってくる』と言われた……」

通子はまた女子部長時代、女子部の文集に「人生の並木道」と題して、こんなことを書いている。

「一人で泣いているとき、トントンと階段を上る音がきこえて、池田先生が上ってきて、私を抱きしめてなぐさめて下さった」

あれほど嫌がった法廷で証言しなければならなくなった池田が、前者のインタビューのことを問われ、

「大勢の人に、いろいろなことを言って激励するから、そう言ったかどうかは覚えていない。それに、二人きりではなくて、まわりに大勢仲間がいたはずだ」

と苦しい言いわけをしている。

仮りに大勢仲間がいたとしても、明らかなセクハラである。

渡部一郎と通子の間の子は池田の子ではなかったかと疑われ、血液鑑定まで行われたことも裁判では問題になっている。

池田が出廷したのは一九八二年十月十五日だった。証人尋問の最後に裁判長が自ら質問する。興味深いところだけ引こう。

「（昭和）五四年六月に光亭で笹川良一さんと会食されたことがありますか」

「あります」

「その席の参会者はどなたですか」

「二回あります。五三年と五四年とありまして、これはもう山崎弁護士が何回となく北条さんを通して会ってくれ、と。一回は北条、私、山崎、笹川さん。もう一回は理事長が入りました。こういう構成です」

「それでその趣旨は何だったわけですか」

「何にもないです。雑談です」

（中略）

「解せないんですがね。お忙しい人が何人もそろって趣旨不明の会に列席するなどというのは馬鹿な話だと思うんですが」

「そうです。馬鹿な話と思うんです、私も（中略）」

「それから三〇〇〇万の話ですが、これは右翼対策費でも名目は何でもいいんですが、だれに渡すという話として聞かれましたか」

「山崎」

「山崎弁護士のところを通ってどこかに行く話は」

「わからない。聞いてません」

「しかしそれを双方に聞きもしないで右翼対策費、そうか、とこう納得されるんでしょうか」

「納得しました。右翼にという話ですから。笹川さんということを先ほど申しました（中略）」

「そこの辺りが、ペン社とのからみで、その背景に対する工作であると、こういうわけですね」

「そうですね」

隠しようがないとはこのことだろう。

そして一九八三年六月十日に東京地裁で隈部に罰金二十万円という判決が出る。一応有罪だが、限りなく無罪に近いものだった。

しかし、隈部は控訴する。一九八四年七月十八日に東京高裁で棄却されたが、これを不服として、なおも、上告手続を取った。

その後、山崎らとは音信不通となり、一九八七年二月十七日に隈部がガンで亡くなったという話を山崎が週刊誌の記者から聞かされたのは何日か経ってからだった。

被告人の死によって裁判は終了した。

東京都議会公明党元幹事長の藤原行正が、代議士の大橋敏雄らと共に池田批判に踏み切ったのはその翌年である。

「あと三年早かったらなあ。あの裁判も違った結果になっていたのに……」

と学会ウォッチャーの内藤は地団駄踏んだという。しかし、池田個人ではなく、牧口、戸田と受け継がれてきた学会の教えを信ずる者にとっては呪縛を解くのには時間がかかるのだった。

朝堂院大覚が語るルノワール事件

〝最後のフィクサー〟と呼ばれる朝堂院大覚と私は二〇一九年六月に『日本を売る本当に悪いやつら』（講談社＋α新書）という共著を出した。

そこで私は朝堂院に、

「信濃町の〝御大〟に会ったことは？」

と尋ねた。つまり、池田大作に会ったことはあるかと問うたのである。

「ない。ただ、わしは創価学会に実質五億円の貸しがあり、全額返済はされていない」

と朝堂院は答え、一九九〇年前後のルノワール絵画事件のことを話し出した。これは三菱商事もからむ脱税事件である。

一九八九年だったかに三菱商事がルノワールの絵（『浴後の女』と『読書する女』の二点）をフランス人から三十六億円で購入したと申告した。しかし、調査すると、フランス人は実在しない。絵も実際は東京の画商から二十一億円程度で購入していたので、差額はどこへ消えたのだと問題になったのである。

朝堂院が語る。

「取引を仲介したのは立花玲子（陶磁器店役員）たちだ。立花はこの一件で逮捕された。法人税の脱税で九三年に。池田（大作）はそのとき、東京地検特捜部に逮捕される寸前までいった。使途不明のうち少なくとも三億円は池田の懐に入ったという。三菱が絡むと国家（司法）は動きづらいが、当時は池田もビビりあがった」

右翼団体も信濃町にある学会本部に街宣をかけた。指定暴力団の稲川会系の大行社（岸悦郎総帥）と優政会（西山登会長）で、「売国奴・池田」とか、「ルノワール事件の主犯」とか叫んでいた。

その最中に朝堂院は学会の幹部から麴町の料亭「藍亭（らんてい）」へ招かれ、収拾を依頼される。

「大行社と優政会、菊守（きくしゅ）青年同盟の三団体に攻撃されている、二ヵ月後（九三年六月）の都議会選もこのままでは全滅する、なんとか助けてほしいと言う。わしは話を預かり、二〜三日後に永田町の『山王飯店』に岸と西山を呼んで、その席で俺に任せるか妨害を続けるかを答えてくれと言った。二人とも任せると了承したので、翌日から街宣は中止と決まった」

こう打ち明ける朝堂院に学会は借りができたわけである。

「止めたぞ」

と朝堂院が伝えると、

「（街宣抑えの）お礼をどうしたらよいか」

と言う。

「五億円だ」

と朝堂院は答えた。岸や西山への配慮も含む額だった。しかし、事件直後だけに、すぐにはカネを動かせない。

さて、どうするか。いや、どうしたか。

「豊臣秀吉が石田三成に与えたと言われる大判をわしは二枚所有していた。税務署の関係もあるからこの大判を、東京富士美術館、創価学会とつながりの深いこの美術館に、五億円で買い取らせろと言って幹部に預けた。ところが後日、川崎定徳（敗戦後、GHQに解体された旧川崎財閥の資産管理会社）の佐藤茂が私の所へ来て、大判がどうのこうのと言う」

こう語る朝堂院に、私が、

「たらい回しにされたんだ」

と言うと、彼は、

「まあね。それで、選挙のほうは大勝した。公明党は九三年六月の都議選で二十五人が当選して第二党だ。七月の衆院選でも席を増やして五十一議席を獲得した。八月の細川護熙の連立政権では神崎（武法）ほか四人が大臣になった。そして、民間から三ヶ月章が法務大臣（の地位）を獲ったんだ。池田の逮捕はなくなり、東京地検特捜部の動きもピタッと止まった」

池田は地獄の底から這い上がり、有頂天になった。朝堂院によれば、

「日本の政治は公明党によって決まる、とごっついこと言いよったとか。強運の持ち主だね」

ということになる。

原田派と〝いわゆる池田派〟

学会の近況については次のように語る。

「いま、創価学会は原田稔会長派と池田派と、真っ二つに割れているわけです。だから、沖縄県知事選でも創価学会のトップや公明党は宜野湾市長だった佐喜真淳（さきまあつし）を自民党などと一緒に推薦する。ところが沖縄の創価学会のほとんどは玉城デニーを推して、八万票ぐらい差が開いた。現場の学会員たちは、反自民を推したわけ。完全に内部は割れていて、いま池田派のほうが増えているわけだ。だからわしも信濃町で反原田派のデモをやってるわけですよ。

学会も、デモをしても、もう人事で処分なんかしないですよ。前はパーンと処分してクビにしとった。クビにされたやつは不当解雇で裁判をかける。不当解雇が二件ぐらいあったかな、裁判は。その人たちを中心とする、いわゆる池田派」

朝堂院は〝いわゆる池田派〟と言っているが、政治に関わるなという宗教派と言ってもいいだろう。

解雇云々は、たとえば学会本部から排除された野口裕介、滝川清志、小平秀一などの青年職員を指す。この三人は二〇一六年に『実名告発　創価学会』（金曜日）を出した。

ところで、池田は生きているのか？

「生かされとるだけやないか」

と語る朝堂院に、池田派の中心勢力はと尋ねると、こう答えた。

「それは婦人部ですよ。池田は婦人に人気があるんだから。婦人のほうが選挙は熱心なんです。だからデモのときもダーッと反原田で並んだ三分の二は婦人。一番反対しているのは八王子支部と創価大学。創価大学が反原田派で池田派なんですよ。

だから、そういう女性や若い力が原田派を追い詰めているんじゃないかな。原田は戦々恐々で、公明党も俺たちを支持してくれるのかと不安があるんだろう。だからもう今は憲法改正なんか絶対通らない。公明党は自民党と共謀罪もやったし、安保法もやってしまった。これが学会員たちのいまの怒りの根源じゃないですか。何で戦争推進なんだ、何で共謀罪なんだと。牧口常三郎も戸田城聖も治安維持法、不敬罪で牢獄へ入れられたではないかと。共謀罪だけは反対だという女性の人たちは、公明党のいまの自民連立を嫌っているわけです」

政治から手を引いて宗教に生きよということだろうが、池田自身がそれを願っているとは私は思わない。しかし、婦人部の人たちをはじめ、池田派はそう信じて疑わない。そこに大きな落とし穴がある。池田のセクハラ・スキャンダルはその湿地帯から発生しているからである。

こんな話がある。夫が公明党の国会議員だったSという女性が、議員の妻たちを集めた「芙蓉会」なるものに出た。

その席で、池田夫人の香峯子と幹部の柏原ヤスが信心指導をし、柏原が、

「池田先生に献げた夫なのだから、決して自分の主人と思うな」

と叫んだ後で、

「Sさん、立ちなさい」

と言い、病気になった彼女が夫に、

「帰って来てほしい」

と電話をかけたことを捉えて、

「議員は池田先生をお守りしなければならない。夫を私有物とするな」

と叱りつけたという。

それはそれは激しいもので、自分が死にかかっても夫には絶対電話はできない、と彼女は思ったのだった。

池田のためにみんな犠牲になるわけだが、池田の私有物でもないだろう。しかし、みんな私有物になりたがるのかもしれない。

藤原行正夫人の証言

一九九六年二月二十二日号の『週刊新潮』に「私は、池田大作にレイプされた」という

信平信子の手記が載った。信平は創価学会北海道総合婦人部長や学会本部副婦人部長をつとめた人である。

「信平さんの活動歴は、そのまま北海道創価学会の歴史とも言える。その彼女が、本来の信仰の道を見失った創価学会から離れて三年余。自らの気持を整理した彼女が、生涯語るつもりのなかった池田大作名誉会長（六八）の恐るべき破廉恥行為を告白した」と『新潮』のリードにはある。

これは裁判に発展したが、ここで信平事件まで取り上げるつもりはない。読者も食傷しているだろうし、私も呆れるばかりだからである。

ただ、この事件に関して藤原行正夫人の郁子が行った証言だけは紹介しておきたい。

二十年以上打ち明けられずに苦しみ、遂に告発に踏み切った信平に対して、学会は凄まじい攻撃を加えた。

「夫に何度言おうと思ったか知れません。最初のレイプがあってから、私は池田から〝二号さん〟と呼ばれました。ものにした女性をそうやってなぶるのが池田の癖なんです。池田は函館へやって来ると、〝二号さんが心配で来たんだよ〟と人前で平気で言ってのけるのです。また、〝ご主人には言うなよ〟と何度も口止めされました。その度に、私は身の毛がよだち、鳥肌がたちました。そして、夫を裏切っていることが、心から離れませんでした」

こう語る信平はすべてを夫に話して訴訟を起こした。その苦しみ悩んだ心中を慮りつつ、藤原郁子は『週刊新潮』の同年三月十四日号で「妹・渡部通子と池田大作」の関係を暴露した。

〈三回にわたる信平信子さんの告発は正直、私にとって衝撃でございました。

自らの恥辱を晒してまで、池田大作という男の真実の姿を世間に公表したこと。それを決意するまでにどのくらいの勇気がいったことかと、同じ女性として、ただただ信平さんに頭が下る思いです。

女性を物のように扱い、レイプしても昂然と振る舞う鬼畜のような男――信平さんが語る池田の姿は、池田にメチャクチャにされた、わが実家・松島家にとっての認識と共通するところがあります。

しかし、池田を信じ続けた私自身、その呪縛から逃れるためには多くの犠牲と時間を要したのです。夫婦や家族の愛情を切り裂き、ひたすら自分への忠誠だけを求め続ける池田の本質をどう表現したらいいんでしょう。

その池田をもってしても、この信平さん夫婦の愛だけは切り裂くことはできなかったのです。そして、最後に意を決した信平さんの告発が生れたのです。

私は創価学会では信平さんよりもさらに古い草創期の人間です。池田のことは、彼がまだ二十五、六歳で、戸田城聖二代会長が経営する金融会社の社員に過ぎない頃からよく知っています。

そして、三十二歳で三代会長に就任して以降、池田の周辺に渦巻いた女性問題の数々を直接、見聞きもしてまいりました。

そうして形づくられていった私の池田観と、信平さんが語った池田の姿があまりに似通っていたので私は衝撃を受けてしまったのです。

私にできることはないのだろうか。この信平さんの勇気に報いることはできないものだろうか。

そう思った時、私自身が見てきた池田の真の姿を、そして池田によってメチャクチャにされたわが松島家のことを、今こそ語り尽す時期ではないか、と思ったのです。

それが今でもあの池田に騙され続けている現役の学会員に目を醒ましてもらうきっかけになれば、これに過ぐる喜びはございません。

それこそが池田の本質を知る私たち草創期の人間の役目だと思い、敢えてお話をさせていただいた次第です〉

一九五二年頃、松島家は大宮市の堀之内町に住み、父親は国鉄に勤めていた。郁子は大宮市立大宮小学校の教員で、二歳下の通子は早大の第二法学部に通っていた。

姉妹を折伏（しゃくぶく）したのは後の公明党の衆議院議員、小川新一郎だという。当時は共産党シンパだった通子を小川は激しい議論の末に説き伏せた。

池田が松島家に出入りするようになったのは翌五三年頃で、戸田が経営する街金「大蔵商事」の営業部長として、出資を募りに来た。

「背が低くて、色の青白い、そして口のまがった青年」という印象の池田は、急速に通子と親しくなり、ある時、姉妹を銀座の天ぷら屋に誘った。

そのころ、池田は学会の第一部隊長で、信仰歴の浅い郁子に、

「郁子さん、僕は孤独なんだ……。僕を頼むね」

と言ったとか。

通子が隣にいても平気でそんな言葉をかけるのである。

ただ、母性本能をくすぐるような話し方で、郁子は思わずうっとりしてしまったのだった。

しかし、郁子が戸田に目をかけられ、彼女ももちろん池田以上に戸田に師事していたの

がわかると、冷たい言い方をするようになる。

「自分に全てが靡かなければ許せない、他人をとことんまで屈伏させなければ気が済まない池田の性分は、その時から垣間見えていた」のだが、訣別するにはそれからかなりの時間が必要だった。

学会を敵に回したくないメディア

一九九六年六月五日に信平は池田を訴えたが、翌日、この池田のセクハラ・スキャンダルを『朝日』『読売』『東京』の三紙だけは報じなかった。『毎日』『産経』『日経』、そしてスポーツ紙までが報じたのに、この三紙はレイプ訴訟の記者会見を無視したのである。

これについて、学会と闘い続けてきたジャーナリストの乙骨正生が山崎正友著『信平裁判の攻防』(第三書館)で、こう語っている。

「政局を、左右するほどの権力者が、強姦という最も卑劣で破廉恥極まりない事件の被告として訴えられたんです。仮に首相や大臣なら、それこそ徹底的に叩いたでしょう。それをしないのは、要するに、学会を敵に回したくないからですよ。例えば読売の場合、いま『世界交遊録』という大作の本を出すほどの関係で、しかもそれが三十万部も売れている。その上、聖教新聞の印刷も請け負っているんです。朝日にしたって、系列の日刊スポーツでは、聖教新聞の印刷を請け負っている。もちろん、ここのところ各紙とも広告面で学会から大きな利益を得ています。こういう利益誘導と同時に創価学会は不買運動というムチも持っていますからね。昭和四十年代半ばの言論・出版妨害事件の折は、大作の号令一下、組織的不買運動が展開されたことが知られています。このアメとムチで新聞にとっては、創価学会は以前から大きなタブーになっているんです」

ただ、『聖教新聞』の印刷は『毎日』も請け負っているはずで、特に『朝日』がだらしがないと言わなければならない。

「朝日、読売が書かないことは予想していましたよ」

と語る山崎正友は、こう打ち明ける。

「両紙に対する学会の工作は昭和四十年代の初め頃からのことなんです。朝日、読売とも有名な学会シンパの記者がいましてね。彼らを海外旅行に連れていったり、子供を創価学園に入れてやったり、彼らのために出版社さえ作ってやったことがありましたよ。そして彼らを橋頭堡（きょうとうほ）に、着実に幹部へと食い込んでいったんです。今では、両社とも新社長は池田と会ってメシを食うのが慣例になっているはずです。そういう密接な関係を匂わされると現場の記者はたまったもんじゃない。学会はそうやって暗黙の圧力をかけるんです。今回は、そうした日頃の工作がまんまと功を奏したということでしょう」

四半世紀経った現在はどうなっているのかも気にかかるが、当時、学会の幹部が匿名を条件にして次のように語っている。

「実は学会は信平さんの訴訟が、六月六日の牧口常三郎・初代会長の生誕日あたりで起されるのではないか、と予想していたんです。今年は生誕百二十五周年で本来なら盛大な行事をやってしかるべきなのに、それをやらずにこの時期、突然、池田名誉会長が〝海外脱出〟したのもそういう理由からです。それと同時に新聞社への工作は、五月半ばから猛然とおこなわれていました。今回、目についたのは、長年、マスコミ戦略を担当してきた山崎尚見副会長と前広報室長の山口総司氏が乗り出して個別に接待攻勢をかけていた点ですね。しかもターゲットは、編集ではなく販売担当役員。ここで、〝信平の件を取り上げたら、新聞の品格や信用性にかかわりますよ〟と囁くわけです。バブルが終って、今は販売が力を持っていますからね。〝あんまり変な記事出すと、会員の新聞離れが起きますよ〟とでも言えば、以心伝心ですよ。それに学会員からの猛烈な抗議電話なども匂わせるわけです。編集サイドも〝触らぬ神に祟りなし〟なんじゃないですか」

提訴からほぼ二十日後の六月二十四日、信平は外国特派員協会で記者会見に応じた。

「今まで池田に私は三回にわたって強姦されました。これは本当のことです」

こう語り始めた信平の会見を、ロイター、UPI、AFPなど、世界の主要通信社が大々的に報じた。田中角栄の蓄財スキャンダルを日本のメディアと違って外国の記者が鋭く追及したのと同じことが、ここでも起こったのである。

第四章　宮本百合子と宮本顕治

宮本百合子と湯浅芳子の同性愛

宮本顕治の最初の妻は九歳年上の作家、中条(ちゅうじょう)百合子だった。中条家は米沢藩の奉行の家柄で、父の精一郎は東京帝大建築科を卒業したエリート中のエリートである。その娘が下降志向でプロレタリア小説を書くようになる。貧しい出の林芙美子が限りなく上昇志向を貫いたのと、あまりに対照的である。

顕治と百合子は一九三二年に結婚した。その時、百合子は既に離婚歴があり、チェーホフ等の翻訳で知られる湯浅芳子と同棲していた。

つまり、宮本顕治が湯浅芳子から百合子を奪い取ったことになる。

有島武郎は『惜みなく愛は奪ふ』で、「愛はやさしい心に宿り易くはある。しかし、愛そのものはやさしいものではない。それは烈しい容赦のない力だ」と言っているが、「烈しい容赦のない力」が顕治と百合子を襲い、芳子が置き去りにされた。

瀬戸内寂聴の『孤高の人』(ちくま文庫)はその芳子を描いているが、彼女の側から、このラブアフェアを追っていこう。

結婚してまもなく、顕治は治安維持法違反で捕えられ、網走監獄に送られた。獄中から百合子と交わされた相聞が、のちに『十二年の手紙』(筑摩書房)として刊行される。

戦後、日本共産党は徳田球一が家父長的な支配をやり、それに抵抗した顕治は非主流の道を歩まされる。百合子も苦難を味わわされたが、党が平和革命路線に転じて、いわば宮本時代が訪れた。ちなみに芳子も共産党に協力した疑いをかけられて戦中に二度、拘留されている。

こうした背景説明を置いて、一九二五年春に飛ぶ。出会った翌年のこの年に芳子と百合子は同棲を始めた。当時、百合子は前夫とまだ離婚が成立していなくて、別れ話をつけに行って懇願されてセックスをしてしまったこともあったという。当然、芳子は腹を立て、心に傷を負った。

最初は百合子が熱を上げ、それまでも田村俊子との関係などで苦い思いをしていた芳子は、同性愛に疑問を感じ、百合子への手紙に、

「とかく女が女を愛するというようなことは、不自然な不合理な事で、そこからは光明的な何物も生まれはしないのです」

と書いていた。しかし、百合子は、

「私はあなたによってよくされ、あなたもわたしによってよくされる。（互いに互いの持ってないものをおぎない合う）私はあなたを愛し、あなたの仕事を愛する」

と情熱的に迫り、芳子の受け身を突き崩す。

一九二五年二月十三日、百合子の二十六歳の誕生日に、芳子は銀座の千疋屋から花束と桜文鳥を買ってきて百合子を感激させた。芳子は百合子の三歳上である。

世間からは奇異に見られる「同性愛夫婦」の生活について、瀬戸内はこう書いている。

「一緒に暮してみると、芳子は外見のさばさばした態度や男っぽい服装やしぐさとは反対に、実にこまやかな神経で、限りなく百合子に尽してくれる。芳子は、日常のこまごました所帯の仕事が見かけによらず上手だった。野菜ひとつ選ぶのも、魚をおろすのも、関西風の味つけも、人まかせにはしなかった」

ただ、惜しみなく尽くすだけに、相手が思い通りの反応をしないと、カンシャクを起こし、百合子の頬をつねったり、頭を叩いたりするようになった。いわばDVである。

そして、同棲生活も三年になり、さすがに倦怠感が漂うようになる。燃え上がった熱量が高かった分、冷えの落差も大きかったのだろう。百合子は性的にも満たされないものを抱えていた。「命が内から叫ぶ。雌蕊（めしべ）が雄蕊（おしべ）を呼ぶ」というムキ出しな言い方で日記に肉欲の悶えを書いている。

「Y（引用者注・湯浅芳子）は、人間が人間を愛せる愛に於て極まで自分を愛して居る。それを知って居る。自分も。それは愛だ。然し、愛とは別な熱情は、それで満されず。Yが男でないという丈の理由なのだ。Yの罪ではなし。Yの愛でどうにも仕方ない苦痛だ」

繊細な芳子がそれに気づかぬはずがない。

ロシア文学の翻訳を仕事としている芳子はロシアへ留学したいと思っていたが、一緒に行こうと百合子を誘った。

煩悶の末に百合子も同意し、二人は一九二七年暮から三〇年暮までモスクワに滞在した。百合子が肝臓病を悪化させた時に芳子は献身的な看護をし、百合子は感謝し、甘えもした。途中、百合子は家族とヨーロッパ旅行をしたりしたが、その間に交わした手紙は恋文のように熱い。しかし、亀裂は少しずつ広がっていた。

軽井沢の芳子の書斎に残っていた百合子の写真の裏に、芳子がこう書いている。

「一九三一、十一、三〇

目白上り屋敷三五五三番地の家にて

この頃すでに宮本との間に恋愛関係を生ずと推定さる。

左翼闘士としての自覚と抱負満ちたりしころ。

その顔つきの傲慢さと皮肉さ、特に目つきのそれはこれまでの写真にかつて見ざるものなり。

今日の彼女のある一面は実にこのころより生ず。

一九四九年八月十二日

軽井沢にて　　И・Ю」

別れても好きなひとだった百合子の思い出の品を芳子は捨てなかった。そして、一九四九年の夏に往時をしのんで写真にこう書いたのである。

「泥棒猫出て行きやがれ」

この写真撮影の日から、ほぼ一ヵ月後に百合子は顕治の胸にとびこむ。そのころ、芳子は、百合子がいつ逃げ出すかわからないので、百合子の履物をすべて隠していた。そのため、百合子は裸足で逃げたらしい。

親しくなって遠慮のなくなった瀬戸内が、芳子に百合子とのことを尋ねると、芳子は、

「女どうしの愛っていうのは所詮はかないものよ。女は結局、男が出来れば、そっちの方がよくなってしまう。百合子でさえね」

と語り、瀬戸内の顔を見ないで、

「あの時、百合子は病気してたのよ。それで私は京都に用があって、百合子を残して一人で京都へ来たの。京極にいい漢方の薬の店があって、そこで百合子のために漢方薬をいっぱい買いこんだのよ。漢方薬はあの頃は、葉っぱをそのまま乾したようなものが多くて、とてもかさばるものなんよ。それで私が大風呂敷を二つ、自分の旅行の荷物の外にぶら下

げて、東京駅にたどりついたの。いつでも私が旅に出た時は、百合子が駅へ迎えに来てた。それなのに、その日にかぎって百合子の姿がプラットホームに見えないじゃない。私はてっきり、百合子の病気が重くなって、迎えにも来られないんだと思って心配でたまらず、円タクをとばして帰っていった……そしたら、玄関に男の靴があって、顕治が来ていたの。私は顕治を張りとばして、泥棒猫出て行きやがれって追い出してしまった。後で百合子もさんざんぶってやった。それから間もなくよ、百合子が出ていったのは」

のちの共産党のドン、宮本顕治を〝泥棒猫〟呼ばわりできるのは芳子だけだろう。

口の悪い芳子が先輩の網野菊に対しては敬愛の念を隠さなかった。やはり先輩の野上弥生子が芳子について瀬戸内にこう語ったという。

「宮本百合子の『道標』は、ずいぶん百合子に都合のいい書き方で、お芳さんがあまりにもひどく書かれすぎている。あれでは湯浅さんがあんまり可哀そうすぎるって、網野さんがいってましたよ。どっちかっていうと、百合子さんの方から好きになっていって、百合子さんの方がお熱が高かったんですよ。でもお芳さんは、『道標』については一言も文句をいわず黙ったままですよ。そういう点、えらいわね」

芳子自身は、後年、瀬戸内に、

「みんな私に、あれについて反論を書けと言ってくれたけれど、あれは小説だものね。小説にどう書かれようと、それに文句をつけるくらいみっともないことはないさ。だから黙り通した。要するに、あれは宮本顕治に対して媚びた作品だから、私を抹殺する必要があったのよ」

と述懐している。

しかし、何よりも嫌いになれなかったのだろう。芳子を先生と呼んだ瀬戸内が、

「でも、その百合子さんの想い出の品を何一つ捨てなくて、ここにみんな大切に置いて、先生はほんとに百合子さんを今でも好きなんですねえ」

と呟くと、芳子は、「ふふんと、鼻の先で笑ったような表情を見せ、照れて横を向き、顎をあげるようにして煙草の煙を吹きあげた」という。

ただ、日記には無念の思いを吐き出していた。一九四九年七月六日のそれにこうある。

「二人のもつ愛情の発露によってそこまでゆく、としたら、やはり相手に対する誠実さ、そこから当然持たるべき潔癖さはあって然るべきものである。私はこの点を曖昧にしてあくまで黒を白と云いはった百合子のたけだけしさを生涯ゆるすことは出来ない！　彼女の書いている〃道標〃はこの点において嘘っ八である。あれは奇麗事にしようとするロウ劣さである。彼女との関係の末期における彼女のあの肉情の発露はどうだった？　私は何人にもこのことは云わぬ。胸ひとつにおさめて黙る。しかしこのことは百年ののち明らかに

されていいことだ」

百合子の反俗精神

この時より二十年前、一九二九年十一月二十三日のフランスからモスクワへ帰る時の手紙に百合子は、

「べこ（百合子の愛称）は、もや（芳子の愛称）になら歓喜の涙をこぼして殺される。そんなに好きだ。もやが薄情女といおうと、何と云おうと好きだ。好きだ」

と書いた。

恋は思案の外という。瀬戸内は「（こう）書いた百合子も真実なら、若い生身の男宮本顕治の胸に、たとえ芳子に殺されても走ろうと思いこんだ百合子の情熱もまた、真実なのである」と書いているが、私もまったくそれに異論がない。

芳子にとって百合子は比較を許さぬ存在だった。あるとき瀬戸内は、芳子に俳人の稲垣きくのを紹介される。「和服のよく似合う美しい女人」で、瀬戸内は「先生（引用者注・芳子）の好みだな」と思う。

芳子は一時、きくのに夢中になった。しかし、飽きがくる。そして、こう言った。

「百合子は論理的で理屈はいったけど、頭がよくて、それに情があったよね、可愛いとこ

ろがあった。稲垣は、意地が悪くて、甘えるようないじらしさが全然ないんだ」

瀬戸内に向かって、

「しばらく会わん間に、あんた、老けて汚うなったね」

などとズケッと言う芳子を、瀬戸内は「よく腹を立てさせられるけど、あんな面白い人はもう出ない」と讃嘆している。

そんな芳子が百合子には惚れ尽くした。別れた後も、それは変わらなかった。軽井沢の別荘を無理に借りさせられた瀬戸内が驚いたのは、百合子の机や椅子がそのままあり、百合子の愛した絵が壁にかかったままだったことだった。本棚にも百合子の本が並んでいたし、犬までリリーという名だった。

「私はその部屋で、湯浅さんの心の底をいきなり覗いたような狼狽を禁じ得なかった」と瀬戸内は書いているが、当然だろう。短髪で男っぽい芳子とは異質の面を見せられたわけである。

一九五一年に百合子が亡くなった後の芳子の追悼文も哀切極まりないものだった。それは芳子の随筆集『いっぴき狼』や『狼いまだ老いず』に収められている。

「こんなやさしい人を捨て去った百合子はひどい」と瀬戸内は思わず呟いた。

「人間や人間の生活のなかに巣くうプチ・ブル性、凡俗性というものに、はじめて目をひらいてくれたひとは、百合子であった。（更にそれについての思考を深めてくれたのはチェーホフでありゴーリキイである）」

こう書いた芳子は、

「宮本百合子において最も特徴的なことは彼女の一生を貫く反俗の精神だった。若いときから持っていた思考の人類的な広がりや歴史的な奥行きや、人間の進歩への愛と信念の強さ、理想を実行に移さないではいられぬ情熱のはげしさ、信念を貫く勇気など、これらの諸点はすぐれて明晰なその頭脳の敏活な機能や深い思考力や鋭い洞察力などと相まって彼女の特質に数えられるものであるけれど、それらをひっくるめてと言うか、珠数玉を貫く糸のようにそれらの特質を貫くものは凡俗（俗物根性）を憎むつよい精神だった」

と讃辞を続ける。さらに、

「彼女が早くから自分の育った家庭の環境につよい反撥を感じたことは知られている通りだが、最初の結婚から最後の結婚に至るまで、生涯の重大な転機に彼女を動かした力はいつも環境への抵抗だった。彼女が『凡俗』と称したプチ・ブル的な俗物根性を彼女ほど敏感に触覚し、深くえぐって、それに反撥した女流作家は日本にはほかにいない」

と手放しで礼讃されては、「最後の結婚」の当事者である宮本顕治への憎しみはどこへ行ったのかと口をはさみたくなる。

しかし、外見的にもおしゃれだった芳子にとって、亡くなった後になお、百合子をおとしめるような言葉は吐きたくなかったのだろう。まさに、芳子の精神のダンディズムがそれを許さなかった。

ただ、現在、百合子は顕治の妻としては知られていても、芳子と熱愛の期間があったことは忘れられている。それはそれでいいのかもしれないが、歴史の落丁のような気がしないでもないのである。

芳子は百合子を評して「作家だましいを失うことはなかった人だが、対象をみる目に狂いがあった。この狂いはたいへん感情的な好悪から発していた。そしてこういう不公平は結局彼女の世間知らずの甘ちゃん的なところからきていた」と言ったという。それを引きながら瀬戸内は、これはそのまま芳子にも当てはまるとし、芳子を「おめでたい嬢ちゃん婆ちゃん」と規定している。

しかし、その反俗精神が百合子を共産主義運動に走らせた。そして顕治と結ばれたわけだが、俗物根性まるだしの池田大作とはそこが決定的に違うのだろう。たとえば勲章をほしがるところなど、もし芳子が大作と出会うことがあったら、「この俗物め！」と一喝されたと思われる。

十二年にわたって交わされた手紙

宮本顕治は私の父より一歳上である。そして、わが師の久野収が宮本より二歳下で、ほぼ同い年ということになる。

ここに宮本顕治・宮本百合子の『十二年の手紙』（新日本文庫、上・下巻）がある。顕治が捕まった一九三四年十二月から、一九四五年十月までの、およそ十二年間に二人の間でかわされた手紙である。百合子が千通余り、顕治が四百通ほど出したものから選び出されている。顕治は最初、市ヶ谷刑務所に入れられ、その後、巣鴨拘置所、網走刑務所と転々とした。

不思議に思うのは一九四五年八月十五日に戦争が終わっても顕治が解放されなかったことで、同年九月二十日に顕治は網走刑務所から手紙を出している。そして十月十日に小樽駅から東京は駒込林町の百合子宛へ次の電報を発信した。

九ヒデ　タチソチラヘカエル　ケンジ

もちろん、検閲されているからだが、情熱的に結ばれた割りには落ちついた手紙である。

一九三四年十二月七日の百合子から顕治宛ての第一信を引こう。

「これは何と不思議な心持でしょう。ずっと前から手紙をかくときのことをいろ〳〵考えていたのに、いざ書くとなると、大変心が先に一杯になって、字を書くのが窮屈のような感じです。

先ず、心からの挨拶を、改めて、ゆっくりと。——

三月におめにかゝれた時、自分で丈夫だと云っていらしったけれども、本当は余り信用出来なかったのです。叔父上が、顔から脚から押して見てむくんでいないと仰言ったので、それでは本当かと、却ってびっくりしたほどです。それにしても体がしっかりしているのは何よりです。私とは勿論くらべものにはならないけれども、私は一月から六月中旬までの間に相当妙な調子になって、やっとこの頃普通にかえりましたから信用しなかったのも全く根拠のないことではないわけです」

ずいぶん長いので「中略」とするが、

「この手紙はいつ頃あなたのお手許に届くでしょうね。そして、あなたのお手紙はいつ頃私のところへ来るのでしょう。私はこうやってかいていて、六つばかりのとき母がランプの灯を大きくしてロンドンにいる父のところに手紙をかいていた時の若々しい情熱に傾いた姿をまざ〳〵と思い出します。私の手紙はきっとアメリカへ行く位かゝってあなたのところへ届くのでしょうね。

私は体によく気をつけ、健康ブラシをつかっているし、よく眠るし、美味しがってたべるし、いい状態です」

を挟んで、「鼻はいかがかしら？ 便通は？」と問いかけて、「ではおやすみなさい。よく眠るおまじないをどうぞ」と結ばれる。

しかし、付録が二枚あり、それもけっこう長い。そして、「付録の終り」はこうである。

「ねぇ、私は用心しなければいけませんね。こうやってかいていればいくらだって書いて、随筆幾つか分の手紙をかいてしまいそうです。私たちが暮して間もなくあなたは、私がどんな手紙をかくかしらと云っていらしったことがあったが、いかが？ 私の手紙は。私の手紙には私の声が聞こえますか？ 私のころ〳〵した恰好が髣髴いたしますわ。その他さま〴〵の時に見える私が見えますか？ 三日に久しぶりであなたの声を聞いて、私は今だに耳に感じがついて居ます。こゝでさえペンをもっていると手がつめたい」

これに対する顕治からの第一信は十二月十三日である。意外に早い。

「移転の知らせ落手した。それから色々の差入物も有難う。こゝに来てもう二週間近くになるが、楽しく読み、よく眠り、暖かく着、しかも約一年振りで蒼空の下で運動も出来るし、安心して呉れ」

と始まり、百合子を「ユリ」と呼びながら、本の差し入れを頼み、そのリストを挙げている。

陸奥宗光の『蹇々録』、スミスの『富国論』、ランゲの『唯物史』、『ミル自伝』、そしてバルザック、シェイクスピア、ドストエフスキー、ゴーゴリ、漱石の全集などである。

「語学は、露・独、今は露から始め度い」とも書いてある。

ちなみに、この時、百合子は三十五歳、顕治は二十六歳だった。

顕治の手紙は五日後の十八日に着いたらしい。二十四日発信の百合子の手紙には、

「十八日には思っていたよりずっと早くお手紙がついたので大変うれしゅうございました。その晩例によっておそくまで仕事をしていて、十八日の朝おきて、下の長火鉢のよこへ降りて行ったら、いろんな手紙、古本屋の引札や温泉宿の広告や、そんなものの間に、さも何でもなさそうに挟んで置かれてあった。それをとりあげ、そのまゝ又二階へまい戻りました。よんで、枕の横において、しばらく眠って又読みました」

優等生の文通といった感じもある『十二年の手紙』から、最後に一九四五年一月八日発の顕治のそれを引こう。

「あけましておめでとうを書く前に会って、そちらも元気で越年のことをめでたく思ったわけだが、今年の書き初めの手紙として改めて『おめでとう』を伝えよう。

さて二日の手紙は早く四日に着いた。歳末こちらから書いたものは未だだったそうだがもう届いている頃だろう。全く正月らしい景況の乏しい、甘味一つみられない新年で、

年々加わるそうした特徴が、昨年からみると一段深くなっているが、仰せの通り大局的嘉日として心持は浄潔清朗の新年だった。様々の困難、不如意というものは、恒久的嘉日の可能性を示す一つの裏からの象徴ともみられるものだからね」

顕治らしいとも言える硬い手紙である。

竹中労の皮肉

無頼のジャーナリスト、竹中労は、『エライ人を斬る』（三一書房）で、そんな顕治を次のように皮肉る。一九七〇年に書かれた『週刊読売』連載の第九回「不破哲三・ヘアトニック・ラブで革命ができるか」の中でである。

「そもそも今日、日共（日本共産党）が小ブルジョワ市民党と成り果て、団地女房から票をかせいどる現状、東大出身の文芸評論家・宮本顕治（ペンネーム・野沢徹）、お茶の水高女出の女流作家・中条百合子と結ばれた時点に胚胎する。

ミヤケン・イデオロギー、すなわち、百合子の世界観の投影にほかならない、『伸子』『道標』『風知草』、清く正しく美しきモラリズムを見よ。とてもじゃないが、あたしゃ宮本百合子のような立派な女と、一日だって暮らせない」

前述したように、百合子のモラリズムは、湯浅芳子との同棲等をくぐっていた。それだけに顕治は逆に反動として、より道徳的になったのか。

それはともかく、徳田球一体制下で冷遇されていた顕治は、一九五一年に百合子が亡くなった後、「なき妻の全集編纂と解説に明け暮れていた」という。

しかし、火炎ビン闘争が挫折して、共産党は「一切の極左的冒険主義」と手を切り、平和革命路線を歩むことになって顕治が復権する。

竹中労の皮肉を続けよう。

「……姦淫不倫はお家の御法度。

党員たるもの、社会的階級的道義を守り、一夫一婦の戒律を堅持するべきである。共産党にはいったら、うわ気はできぬものと覚悟するのだベシ」

妙に行儀がよくなって窮屈になったと竹中は冷やかしているのだが、さらに「共産党員はジェントルマンでなくてはいけない」と党大会の代議員に宮本が背広にネクタイの着用を指示したことを「マンガだナ」と嗤う。

竹中は宮本を代表取締役社長だとすれば袴田里見は副社長だとし、正装の袴田に次のような違和感を示す。

「ウラナリ、チョビヒゲの袴田副社長までダブルカフスとくら。この人が鼻水をたらしてスターリン服着てた時代、皮肉じゃなくて、あたしゃなつかしい」

背広にネクタイの〝正装〟に強烈な爆弾を投げたのは宮本百合子よりひとまわり上の建築学者、今和次郎だった。終生、イガグリ頭にジャンパー、そしてズック靴で通した早稲田大学教授である。

駐日アメリカ大使から招待を受けた時も、この姿で出かけたが、受付の者も大使夫妻も、いやな顔一つせず、歓迎してくれた。

それで、アメリカの建国精神は健在なり、とエッセイに書いたら、日本にもものわかった男がいた、とアメリカ大使館が喜んだという。

今は、一九二三年の関東大震災後に現代風俗を記録する「考現学」を始めた人としても知られるが、あるとき、その今を二人の共産党員が背広姿で訪ねて来た。

それを見て今は、

「あなたたちの着ているものは、資本主義の印ばんてんじゃありませんか」

と言った。

「いやあ」

と二人は頭をかいたらしい。

結婚式にもジャンパーで出席し、礼服姿の参会者の前で、こうスピーチしたという。

「どうか、私の推定をお許し願いたい。今後五十年の将来には、今日のような席に集まる人たちの服装は、私の着ているような服を皆が着ているはずだと、私は計算しているのです」

一九七三年に今が亡くなってからも、ほぼ五十年だが、残念ながら、今の推定ははずれている。

『エライ人を斬る』で宮本顕治に向けられた竹中の妖刀は、当時、創価学会会長だった池田大作にも向けられ、池田は次のように斬られている。『創価学会を斬る』の藤原弘達まで側杖（そばづえ）を食った。

「さて……、いつわらぬ所感をばまずは述べさせていただきますが、藤原弘達という人にたいして、小生は好意を持っておりません。率直にいえば、この人を小生は軽蔑しております。問題の書『創価学会を斬る』も、全然まったく読んでおりません。ま、どの程度のことが書いてあるかおよそ見当がつくので、これからも読もうとは思いません。（なぜか大きな拍手）

が、声を大にしていわねばならない。言論表現はその内容にかかわらず、コンプリート（完全）に自由でなくてはならないのであります。小生は、藤原弘達氏の著書がたとえばハナ紙にもあたいしない、最低の内容を持つものであっても、貴学会の今回の出版妨害に激しく抗議し、ペンが折れるまで声が涸れるまで、非を鳴らしてやまぬでありましょう。

小生自身、いく度か自由な言論を妨害されてきた経験を持ちます」

松本善明といわさきちひろ

ここで、もう一度、百合子と顕治の話に戻って、その余波というか、続編的な話を紹介しよう。

一九二六年生まれで海軍兵学校に入り、戦後、東大法学部を出て弁護士となった松本善明と画家いわさきちひろのうるわしい話である。

弁護士になる前、松本は共産党の国会議員団事務局に勤め、神田駿河台地区の細胞会議で、おかっぱ頭のちひろと知り合った。女学生のように見えたが、三十歳で最初の結婚に失敗していた。松本は八歳下の二十二歳。

互いに好意を抱きつつも、ちひろはためらう。しかし、あるとき、彼女が、

「でも、宮本百合子だって、宮本顕治より年上よね」

と言い、松本は正式にプロポーズした。

そして、一九五〇年の一月二十一日、レーニンの命日を選んで、二人だけのつつましい結婚式をやった。

大下英治の『日本共産党の深層』（イースト新書）によれば、二人はぶどう酒一本と、き

れいなワイングラス二つで、愛を誓い合ったという。
　のちに歌手の上條恒彦が「花の結婚式」と名づけて、土井大助作詞の次の歌を歌った。

　屋根うらの　部屋は　暖かかった
　二人で遠くを　みつめてたんだ
　淋しくなんか　なかったよ
　同じ炎を　もやしたから

　松本は代議士となって国会対策委員長をやり、宮本を助ける。顕治は柔道の有段者で顔もいかつかったが、細かな気くばりを忘れない人でもあった。
　松本と大阪の北野中学で同期で、東大法学部でも一緒だった日本マクドナルドの創業者、藤田田（でん）が「内緒だからな」と言って多額のカンパを続けてくれていたらしい。藤田は、東大時代、現在の読売新聞のドン、渡邉恒雄と新人会の運動をしていた。

第五章　宮本顕治宅盗聴事件

野中広務vs神崎武法

一九九三年十月六日、衆議院予算委員会で当時野党だった自民党の野中広務が、公明党から郵政大臣になっていた神崎武法に鋭く迫った。

「あなたの所管である電話、電波の盗聴についておうかがいをしたいのでありますが、かつて創価学会が、共産党宮本（顕治）議長宅の電話を盗聴した事件がございました」

こう切り出した野中は、

「この盗聴事件について、改めてあなたの所感をおうかがい致したいと存じます」

と問うた。

「通信を所管する当大臣と致しましては、通信の秘密のこの意義を十分認識しておりまして、その確保に万全の注意を払って取り組んでまいりたい」

と神崎は型通りに答える。

「あなたはその相談に関与したという報道がありましたが、これは事実でありますか」

野中が追及する。

「私が関与している事実はまったくありません」

と神崎は否定したが、内心では冷汗三斗（れいかんさんと）だったろう。

一九七〇年に起きたこの事件当時、神崎は検事だった。主導したのは学会の顧問弁護士で池田大作の信任厚かった山崎正友で、山崎が神崎と相談したと告白した。

「当時、検察では、神崎氏の関与について、この事実を把握しておったという話がありますす（東京地裁の記録に神崎らが「知らんぷりしていなさい」と助言したとある）」

と野中は指摘した上で、

「報道の通り、現職の所管大臣として、たとえ時効でも、そのような盗聴事件に関与があったとすれば、大臣の適格性において、非常に問題であります」

と突っ込み、山崎の証人喚問を求めた。

東大法学部卒の神崎は学生部副部長として、

「〝いざ鎌倉〟の精神で、いつでも池田先生の下に駆けつけ、戦うことを決意しよう」

と呼びかけたことで知られていたという。

いずれは検事総長と池田から期待されていたが、電話盗聴集団に関わっていたと問題になり、退官せざるをえなくなった。

「検事総長がダメになったら、今度は、その上の法務大臣をめざせ。すぐ、国会議員にしてあげる」

池田のこの言葉通りに神崎は代議士となり、公明党のトップにもなる。

ちなみに神崎の前の公明党委員長が石田幸四郎だが、いつも、

「公明党は池田名誉会長につくっていただいた党であり、創価学会の方々に支えられてきた党です」

と言っていた。その兄の石田次男は会長の有力候補で参議院議員になったこともあるが、池田支配に疑問を感じて叛旗を翻し、よく、

「公明党の歴代の委員長はね、竹入〝大作〟に始まって、矢野〝大作〟であり、石田〝大作〟なんですよ。つまり、委員長個人の意見なんか持っておらず、全員が大作の代理人でしかない。誰が委員長になっても同じこと。陰で大作に操られるロボットばかり。公明党の委員長が〝雇われマダム〟であるのは、昔も今も変わらない。それは見事なものです。ウッフフフ」

と皮肉り、

「公明党の場合はね、〝大作の、大作による、大作のための〟私的な政党であり続ける。仏法についてはまったく無知・無理解な男だが、政党を私物化して君臨するテクニックだけは大したもの。知らぬは世間ばかりなり。アッハッハッ」

と哄笑したらしい。

〝天下盗り〟という池田ファンタジー

『今、改めて問う創価学会・公明党』（五月書房）で、次男の発言を紹介した内藤国夫は、次男の遺書ともいうべき『内外一致の妙法　この在るべからざるもの』（縁友会）から、公明党論を引用する。

「万事〝はじめに池田センセイありき〟という世にも不思議な政党で、〝天下盗り〟という池田ファンタジー（幻想）を実現すべく働かせられる池田氏の私物化機関。池田〝欲の皮突っ張り〟センセイからお世話になっているので、先生を守る党務を持ち、〝政治の自由〟を持たない、欲しくても持てない不自由な政党。センセイに仕込まれて〝オモテ公明党・ウラ狡猾党員〟が増加していく」

創価学会との戦いにジャーナリスト魂を燃やした内藤には公明党の本部職員から、「矢野（絢也）氏は池田会長から〝政治の玄人化した公明党議員には庶民の心がわかっていない〟と怒られたというが、これは池田をかばうウソ発言。池田会長が矢野氏を怒ったのは、公明党が創共協定に反対したり、国会への（池田の）証人喚問要求を封じ込めなかったりするなど、自分を守る努力が足りないとの理由だった」

という声が届いたとか。

神崎のエッチ事件

神崎武法については、こんな話もある。

一時は公明党の〝裏の国対委員長〟とまで言われた平野貞夫が私との共著『自民党という病』（平凡社新書）で暴露しているものである。

「神崎のエッチ事件についても言及しておきましょうか」

と切り出した平野は「神崎の女癖の悪さには辟易した」と言って、こう打ち明けた。

「一九九三（平成五）年に自民党長期政権が崩壊し、非自民の細川護熙連立政権が発足しましたね。細川首相は自民党の料亭政治との決別を宣言し、『二万円以上の宴会を禁止する』とわざわざ閣議決定しました。クリーンさを打ち出したわけです。しかし、八党派による連立政権ですから、互いに気心の知れないところがあります。だから、料亭以外でお互いが打ち解けて話し合える場を探さないといけない」

それで平野が衆議院の事務局に勤めていたころによく行っていた向島の天ぷら屋の主人に相談し、芸者の花代を含めて二万円でやってもらえることになった。

ところが、神崎が酔っ払って芸者の胸を触ろうとする。いくら止めてもダメなのである。頭に来た平野はそのことを『公明党・創価学会の真実』（講談社）の「あとがき」に書いた。

大変な反響を呼び、たまらなくなった神崎は平野を名誉毀損で刑事告発した。しかし、起訴には至らず、ウヤムヤになった。平野は起訴してもらいたかったと私に言った。

「記者会見をして、本に書いたこと以外も全部話せますからね」

と自信満々の平野は、

「神崎が担当検事に言って、密かに取り下げたんじゃないの」

と推測している。検察情報に強い男が平野に「神崎の奥さんが、あれは平野さんの言うことが本当だと言い出したので、神崎が訴えを下ろせなくなった」と教えてくれたという。

共産党への逆恨み

さて、一九八〇年八月二十六日付で宮本顕治から出された訴状と準備書面を紹介しよう。

原告が宮本で被告が創価学会会長・北条浩以下、山崎正友、広野輝夫、竹岡誠治、北林芳典ら学会幹部である。

電話盗聴が始まった一九七〇年六月当時は宮本は日本共産党中央委員会書記長で、七月に幹部会委員長となった。

北条は事件当時は創価学会副会長で参議院議員。

山崎は学会顧問弁護士で学会副理事長。

広野は学会学生部主任部長、そして竹岡と北林は学生部の幹部だった。

訴状は名誉毀損という不法行為についてこう記す。

「被告らは、共謀のうえ、一九七〇年六月十日ころより、本件犯行が発覚したことを知って被告らが盗聴用発信機（以下単に本件盗聴器という）を撤去した同年七月九日ころまでの間、東京都杉並区高井戸西三丁目一番三号所在の当時の原告宅に設置された原告加入の東京三三二局二一六〇番の電話（以下単に本件電話という）による電話交信を不法に盗聴し、もって原告の権利を侵害するという不法行為をおこなった」

なぜ、学会と公明党は盗聴という犯罪までやったのか。それは言論出版妨害事件を共産党が国会などで厳しく追及したからだった。

世論の昂まりもあって、当時の創価学会会長の池田は「今後は、二度と同じ轍を踏んではならぬと、猛省したいのであります」と一九七〇年五月三日の本部総会で講演したが、これはあくまでも追及をかわすためのものだった。

そして、共産党への逆うらみを募らせ、盗聴を計画したのである。

再び、訴状を引く。

「こうした『謝罪』や『猛省』も、実はたんに世論の批判をかわすことを目的とした、言葉だけのものにすぎなかった。二度と同じ轍を踏まぬなどという言葉とはうらはらに実際には創価学会幹部らは、言論出版妨害事件で一貫して厳しい批判をおこなった日本共産党を逆うらみして、同党に報復しようと企て、そのためには、同党の『内部情報』を入手しなければならないと考え、あえて不法な電話盗聴まで計画するにいたった。なお、この計画は同時に、言論出版妨害問題について、今後日本共産党がどこまでどのように追及してくるかを探り、その対策をたてることをも目的とするものであった」

準備書面では、池田が社会的批判の強まりに狼狽して、

「政教分離は創価学会を壊滅させようという陰謀だ」

「私は殺される」

などと口走り、取り乱す一方で、

「共産党とは一〇年二〇年の死闘が始まる」

と幹部を叱咤したと書かれている。

また、池田と山崎正友との対話として、

「学会への批判はおさまるか」

という池田の問いに山崎が、

「おさまらない」「ある程度思いきったいき方をして頭を下げ、この際、改善すべきは改善して、やりなおした方がやり易い」

と進言して、池田も、

「そうしよう。自分もそう思っている」

と方向転換を受け入れる様子も描かれている。つまり、謝罪は戦略であり、「策動的謝罪」だったのである。

第一審では原告の主張がほぼ全面的に認められたが、学会側が控訴する。

第二審の準備書面で、宮本側は池田が学会の「社長会」という組織で放言しているのを入手し、暴露した。一九七〇年二月二十七日の箱根研修所での池田発言である。一切を山崎個人に押しつけ、知らぬ存ぜぬで通そうとした池田が法廷での主張とは真逆のことを言っているのが明らかになった。

「今度の事件でとにかく日本中に浸透した。有名になった。本当は政教分離どころか、政教一致で私が指揮をとりたいよ、ほっておけない、竹入（引用者注・義勝）、矢野（同注・絢也）はよく頑張っている」

「今度の事件も幹部が誰かがやるだろうと皆が思ったら重大だ。自分がやるんだ。自分の分野は完璧にするぞという決意でなければならない。今は戦闘だ。幹部がのほほんとしていてはいけない。皆んな闘え」

二審も同じ結果だった。

この盗聴事件で有罪の判決が出たことに、池田はもちろん、北条の後の創価学会会長、秋谷栄之助や公明党委員長の竹入、同書記長の矢野が動揺して相談する様子が矢野の『闇の流れ　矢野絢也メモ』（講談社＋α文庫）に詳述されている。

まず、秋谷である。

「七、八割無罪だと聞いていたが、意外だ。もし北条前会長も含め有罪となると、マスコミから記者会見の要求が出る。北条家は当然控訴するが、あと、T君とH君の二人の実行行為を認めているとなると面倒だ」

これに矢野が、

「有罪となると共産党は鬼の首取ったみたいに宣伝する。外部弁護士の話では、なぜそんなに実行行為を簡単に認めたのか常識的に不可解という意見もある」

と答えているが、実行したかどうかではなく、それを認めたかどうかを問題にしているところが興味深い。犯罪は否定できないから、バレたかどうかを気にしているわけである。

竹入と矢野が打ち合わせをし、竹入が、

「すでに自民党の金丸（引用者注・信）や反二階堂（同注・進）グループが敏感に反応している。あんまり突っ張らないほうがいい」

と言うと、矢野は、

「いろいろな党から嫌な反応が出ている。さっさと終わらせたい。下手いってこじらせると、証人喚問要求に弾みをつける」

と応じ、竹入は、

「(田中)角栄が病気で自民には誰に手を打ったらいいのか」

と嘆いたらしい。矢野は、

「まさか、自民党が共産党と一緒になって騒ぐとは思えないが、いろいろあって油断はできない」

と心配してもいる。

「池田大作ミイラ化計画」

矢野には、その後、二〇〇九年に出した『私が愛した池田大作』(講談社)という本もある。副題が「『虚飾の王』との五〇年」。

池田に叛旗を翻してからの本で、興味深いのは「池田大作ミイラ化計画」である。

「冗談としか思えないエピソードの筆頭と言えば、これに勝るものはあるまい」として、矢野は書記長時代のそれを披露する。

創価学会には長期戦略を練っているエリート集団がいて、池田が亡くなったら遺体をミイラにしたいのだが、と相談してきた。その集団は、公明党と学会の関係を将来どうするかといったことを議論し、定期的にレポートを出している。そのトップからの相談だった。

彼らは真剣に、池田家を聖家族に仕立て上げなければならないと考えていたのである。キリスト教の歴史などを参考に、そのためにはどのように奇跡を演出すればいいかを論じていた。

矢野は「この人たち正気かいな」と思いながら、面白半分に、

「キリスト教から学ぶときも、きれいごとだけ見とったんではアカン。一方で恐怖もないと、人は支配できへんのや。『ヨハネの黙示録』なんか一番オモロいで。キリストは世界の終わりに人々を裁いて、永遠の命を与えられる者と地獄に堕ちる者とを分けると書いてある。地獄に落とされたらかなわんさかい、人は必死で信仰に励むわけや。優しいだけのキリストではアカン、ちゅうこっちゃ」

と答えた。相手は、

「はあ、そうですか」

と言いながら、「ミイラ化計画」を打ち明けたのである。

「矢野さん、レーニンや毛沢東は偉大なる指導者ということで、遺体が永久保存されているじゃないですか。あれと同じように、先生が亡くなったら池田版『レーニン廟』のよう

なものを作りたいのですが」

　そう言われて矢野は、

「しかしお前、日本では死体にヘタに手を加えたら、死体損壊罪という罪に問われてしまうぞ」

　と答えた。

「そうなんです。だからそこを政治の力で、なんとかできないかという相談なんです」

　何とかできなければ公明党をつくった意味がないということだろうか。結局この時は、

「法律から変えなアカンさかいなあ。もうちょっと公明党が大きくならな、ちょっと無理な相談やな」

　と矢野が引き取った。

　この後を矢野はこう続けている。

「こんな馬鹿げたことをまさか池田氏が指示したとは思わないが、池田氏に『後世に名を残したい』という強い執念があるのは間違いない。

　このように笑い話としか思えないテーマが大マジメに議論されるのも、世間とは感覚がズレているゆえであろう。池田氏の常人離れした権力欲と、自己顕示欲がスタッフにまで浸透しているため、しばしばあり得ないような喜劇が現実化してしまうのである」

池田は現在九十二歳。死が現実化して私は「ミイラ化計画」が再燃しているのではないかと思う。

さすがに宮本顕治にはそんな〝喜劇〟が計画されなかった。

この盗聴を学会は山崎正友が独断でやったこととして逃げ切ろうとした。しかし、一九八八年四月二十六日の東京高裁判決は、次のように指摘して、それを否定したのである。

「山崎の地位、経歴は、前示のとおりであって、これに山崎供述及び弁論の全趣旨を加えれば、山崎は、学会生え抜きの最初の弁護士として、池田会長から厚遇を受け、学会内で着実に昇進を続け、本件電話盗聴の当時において、既に将来を嘱望される地位にあった、と認めることができ、そのような立場にある山崎が、敢えて北条その他の学会首脳の了解を得ずに独断で本件電話盗聴を指示し、実行させる必要性があったとは解し難い」

山崎は言論出版の自由妨害問題から「月刊ペン」事件での池田出廷回避工作まで、さまざまな謀略行動のために池田としばしば会っていた。そして、感謝の意味で池田から、「四面楚歌、君がおわせば王の道」と書いた色紙まで与えられていたのである。山崎の独断と逃げるには、あまりに池田と山崎は表裏一体だった。大体、池田の独裁下で北条さえ自分の判断で行動できないのに、山崎が独断で盗聴をやれるはずがないだろう。東京高裁もそう判断したのである。

第六章

「創共協定」の経緯とその後

驚天動地の出来事

一九七五年七月二十七日夜から二十八日にかけて「創共協定」の大文字がマスコミにあふれた。「創価学会と日本共産党との合意についての協定」は、それほど衝撃的なニュースだったのである。公明党の幹部が言ったように「バチカンがソ連（現ロシア）共産党と手を組んだような」驚天動地の出来事だった。首謀者は池田大作と宮本顕治で、仕掛け人が松本清張である。それがさまざまな波紋を呼ぶ。

発端は学会の言論出版妨害事件だった。それに対する非難の昂まりに、池田は一九七〇年の五月三日、謝罪の声明を発表し、政教分離を明言する。その一節に次の文言があった。

「共産党と学会が常に敵対関係にあるかのような印象を世間に与えることは本心ではなく、このようなことはできるだけ避けたいというのが本音である。学会はかたくなな反共主義を掲げるものではない」

批判の急先鋒が共産党だったため、こう言わざるをえなかったのだが、これを受けて、公明党委員長の竹入義勝と書記長の矢野絢也は学会本部の総務という役職を離れた。

このことがあって池田は共産党を懐柔しようと考える。公明党には共産党を叩かせながら、学会は共産党と手を結ぶ工作を進めたのである。その工作は竹入や矢野を排除して行われた。

そして、一九七四年の大晦日。矢野が年末のあいさつに竹入に電話すると、

「おい、ちょっと早いがお年玉をやるぞ。でっかいお年玉を、な」

と言われる。

「なんですか、お年玉って」

と矢野が返すと、党本部に当時、学会の会長だった北条浩が来ていたという。

矢野の『私が愛した池田大作』によれば、電話中にもう除夜の鐘が鳴っていた。

「それでさ。何かと思ったら共産党と協定を結んだんだと」

竹入の言葉に矢野は受話器を取り落としそうになった。

「ア、ア、ア、アホな。冗談でっしゃろ」

驚く矢野に、

「年末のこんな時刻にわざわざ冗談なんか言うか。明日にもお前のところに秋谷（栄之助）あたりが行くはずだ。竹入は猛反対だから、矢野から説得しようとするだろう」

と竹入が答える。

その後の矢野と竹入の会話を引こう。

「竹入さんは、どれくらい反対ですか」

「俺は五百パーセント反対だ。北条さんにも『池田先生は頭がおかしくなったんだ』って言ったら、『先生のされることに反対なら破門だ』と言われた」

「エライこと言わはりましたな」

「俺は絶対に反対だ。実際、正気の沙汰じゃないよ」

そして、一九七五年が明けて一月三日、秋谷と野崎勲（男子部長）が矢野宅を訪れた。野崎は文芸部長の志村栄一と共に創共協定を結んだ当事者であり、矢野の京大の後輩でもあった。

反対する矢野に野崎が、

「矢野さん、あんた池田先生の政治的天才を信じないのか」

と言う。

「政治的？　宗教的天才と言うんやったらわかるけど」

と矢野が答えると、野崎は、

「違う。先生は政治的にも天才なんだ。何もかも見通したうえでこうした指示を下された。それを信じないのか。矢野さんは先生の弟子だろう」

とダメを押す。そう詰め寄られて、当時の矢野は黙らざるをえなかった。

「一〇年間、共産党を黙らせるんだ」

創共協定が結ばれたのは一九七四年十二月二十八日で、その三日後に竹入と矢野はそれを知らされた。竹入はもちろん、それを肯定しない矢野に池田から呼び出しがかかる。

一月六日の夜だった。時間がないので車の中でと言われ、信濃町の学会本部から箱根の研修道場に向かう車に同乗した。

「党はけしからん。特に竹入だ。俺の言うことを聞かん。だから矢野、お前がまとめるんだ。秋谷とよく話し合って、なんとかしろ」

大変な剣幕の池田に矢野は萎縮したが、それでも、

「先生、ホンマにこれから、共産党と仲良くしていかれるおつもりなんですか」

と尋ねた。すると、

「バカを言うな」

と即座に否定された。

「あいつらと本気で仲良くする気なんかあるものか。表面だけだよ。お前よく考えてみろ。自民党と共産党、両方敵に回せるか」

要するに策略なのである。

「言論問題のときの、あの弾圧迫害がなくなるんだぞ。協定の有効期間は一〇年間だ。一〇年間、共産党を黙らせるんだ。学会はこれから大きく前へ進む。背後を気にしている余裕などない。そのためには共産党という後門の狼を断たなければならない」

こう語る池田の毒気に当てられ、「師匠とともに死ぬのが弟子の本分」とか、「俺は君を信じている」とか付け加えられて、矢野はすっかりその気にさせられたという。

野崎は矢野に、「創共協定」では「政治協定」や「政治共闘」というコトバは一度も使っていないと説明するので、矢野は「文化協定」で通すことにする。

「創価学会と共産党があくまで文化的に交流を深めようというのであれば、公明党は関係ない。これまでどおり、自民党ともほどほどに仲良くしながら、是々非々の立場で動ける。共産党を叩くこともできるし、右翼の連中にも言い訳が利く」

そう思ったと矢野は『私が愛した池田大作』に記している。

協定発表後も、公明党はそれまで通りのスタンスで共産党を攻撃した。「反共の公明党」と呼ばれたが、池田からは、

「もっとやれ」

と激励された。

「自分から協定を結ばせておいて、この二枚舌。ひどい話である」と矢野は呆れているが、

池田は政治的天才ではなく天才的詐欺師ということだろう。

協定を守って共産党は以後十年間、学会を攻撃しなかった。この十年間には、『『月刊ペン』事件」や日蓮正宗との宗門戦争など、学会の存続に関わる事件が続いたが、池田は一九七八年九月十六日に、

「創共協定がなかったら公明党は存在していない。あれはやって正解だったのだ」

と自讃している。

協定発表直後には、「協定は失敗だった。宮本は悪い奴だ」とか、「間違いだった。なのに誰も何も言わない。俺をいさめる奴がいない」とか言っていたのにである。それについて矢野は「蜂の巣を突ついたような騒ぎになっていたころのことで、弱気の虫につかれていたのだろう。弱気と強気が入れ替わる。この二面性もまた、池田氏らしいと言うべきか」と指摘している。

松本清張宅で準備会談

では、これを共産党の側から見ていこう。資料は山下文男著『共・創会談記』（新日本出版社）である。

創価学会からの進行役が野崎勲と志村であることは前述したが、共産党のそれは上田耕

一郎（当時、常任幹部会委員）と山下（文化部長）だった。

一九七四年の十月末から、松本清張宅で、上田、山下、野崎、志村の間で二十数時間にわたる準備会談が行われ、十二月二十八日に合意協定を結んだ。そして翌日、宮本と池田が松本をまじえて懇談する。それから半年余り発表は控えられるわけだが、まず、協定の内容を紹介しよう。

①たがいの信頼関係を確立するために、それぞれ自主性を尊重しあいながら相互理解に最善の努力をする。

②創価学会は、科学的社会主義、共産主義を敵視する態度をとらず、日本共産党は、布教の自由をふくむ信教の自由を無条件に擁護する。

③互いに信義を守って政治的態度の問題をふくめて、今後いっさい誹謗中傷しない。すべての問題は、協議によって解決する。

④双方、永久に民衆の側に立つ姿勢を堅持して、それぞれの信条、方法によって社会的不公正をとり除き、民衆福祉の向上実現のために努力しあう。

⑤世界の恒久平和のために最善の努力を傾け、核兵器全廃という共通の課題にたいし、たがいの立場で協調しあう。

⑥新しいファシズムをめざす潮流が存在しているとの共通の現状認識に立って、その危

機を未然に防ぐために努力し、ファシズムの攻撃にたいしては、断乎反対し、相互に守りあう。

⑦協定の期間は十年とするが、後も、より一歩前進させるための再協定を協議検討する。

堤清二の証言

ここで、創共協定に至るまでの別の角度からの証言を紹介しよう。『70年代』（金曜日）所収の辻井喬こと堤清二のそれである。

堤は経営者であり、詩人及び作家として辻井というペンネームを持っていた。いわゆる進歩派経営者で、私は何度か対談もし、私の郷里の企業を助けるべきか否かで相談を受けたりもした。

西武コンツェルンの創業者、堤康次郎の息子でありながら、東大時代は学生運動をし、共産党の党員でもあった。

そのころのことを安東仁兵衛が『戦後日本共産党私記』（現代の理論社）に次のように書いている。

台風によって出水した東京都江東地区の救援活動に出かけた安東と堤は、汚物がプカプカと浮かぶ泥水の中を、腰までそれにつかりながら、日が暮れるまで動きまわった。腹も空き、「浮遊する汚物にうんざりの私は、イヤな顔ひとつしない堤に感心させられたものである」と。また、成城高校出身の堤は「紅顔で、まことにシャイな物腰だった」とも。

こうした経歴のためか、堤にはその後も、共産党の秘密党員だとか、公明党の秘密党員だとかいう噂がつきまとった。社会党協会派の秘密参謀という説もあったが、「残念ながら、自民党の秘密党員だという説はない」と笑っていた。上田とも東大時代からの友人である。

そんな堤が、いや、辻井が創共協定のことを回顧する。

彼は主に創価学会の方から、

「われわれが共産党と意思の疎通を図り、議論をしていくにはどんな人がいるんでしょうね」

と聞かれたので、

「ははぁん、これは何か考えているな」

と思い、何人かの名前を挙げた。

「教条主義じゃなく柔軟な人がいいですね」

と付け加えてである。

もちろん、辻井が挙げた何人かの中に松本清張は入っていただろう。動き出すと、松本は早かった。

「攻撃し合うことも自制したい」

再び『共・創会談記』に戻る。

一九七四年十月二十一日、山下が松本に『赤旗』への連載小説のお願いで電話すると、

「実はぼくもぜひ会って、至急（引用者注・宮本委員長に）取り次いでもらいたいことがある。（中略）夜、八時に来てほしい」

と松本に言われ、その時間は宮本が党本部にいることを確かめて、松本宅を訪ねた。

松本は、池田と宮本の会談について、『潮』の編集長の志村栄一が来て、是非実現させたいとし、その前に学会の野崎勲と共産党の上田耕一郎を会わせたいので、それを宮本に話し、今晩中に取り次いでもらいたい、とのことだった。

山下は本部に直行し、翌日からの全国活動者会議で忙しい宮本に伝えると、宮本は、

「〝全活〟が終わってから、よく相談して返事しよう」

と答える。

「いや清張さんは急いでいるので、感じだけでも返事しないと」

と返すと、宮本は、

「それなら、趣旨には賛成だ、正式な返事は、機関に相談してから後で」

と言い、

「局長（不破哲三書記局長）にすぐ報告しておくように」

と付け加えた。

立川で開かれた全活の会場から松本に電話したが、松本はしきりに宮本の感触を尋ねる。急かされて山下も気が気でない。

十月二十六日に宮本に、松本への正式な返事はいつできるかと聞くと、宮本は、

「清張さんも小説ばかり書いていたんでは物足りなくて、今度は仕掛けを作ろうってわけだナ」

と冗談を言い、二十八日夜に松本に会うことになった。

その間、檜山昭著『創価学会紳士録』（白馬出版）から、野崎と志村の紹介をコピーし、宮本、不破、そして上田に渡す。

目下売り出し中の野崎は一九四二年生まれのヤングパワー。池田会長の信任も篤く、次代を背負って立つホープ。同い年の志村は人当たりがやわらかく革新的な思想の持主だという。

三十日、新宿の京王プラザホテルの一室で第一回会談。出席者は松本の他に、上田、野

崎、山下、志村である。

この時の内容については、松本が『文藝春秋』の一九八〇年一月号に書いた「創価学会　日本共産党　十年協定の真実」という、いわゆる「松本メモ」から引用しよう。

まず、野崎の発言から入る。

「創価学会は単なる信仰団体ではなく、宗教活動を中心に社会をよくして行こうという社会運動体である。一方、共産党も単なる議会的政党でなく、同時に社会の変革をめざし活動する政党である。政党と宗教団体の違いはあるが、世の中を変えていくことをめざした社会運動を行なっている点では一致点があり、池田会長も両者の協力を望んでおり、昨年（一九七三年）の総会でもそれを意識した発言を行なっている。会長は時期をみて、宮本委員長とも是非会談したいと言っている。そのためにも事前にわれわれの交流と話し合いが必要である。学会と共産党との交流についてはいろいろと考えているが、たとえば講師の交換、つまり創価大学で共産党の講師に講義してもらう、一方、党の研修会や民青（民主青年同盟）の集会にこちらから出向いて講義するというようなことも進めたい。こうして人間同士と組織間の信頼関係をつくり、両者の協力についての環境づくりをしたい。選挙になると必ず下部どうしがやり合っているが、こういうこともなくしたい。機関紙上で攻撃し合うことも自制したい。十年ぐらいの展望で交流したい。会長はこのように考えている」

上田耕一郎氏は、これに答える形で次のように述べた。

「松本さんからそちらの意向はうかがっている。革新統一戦線のためにも両者の協力が必要である。宮本委員長もそれを重視している。池田会長と会うことも基本的には結構だ。両者の信頼と交流もよいことだと思う。そのためにも公明党と学会との関係を聞きたい。公明党の大会方針を見るとたいへん右寄りになっているように思うが」。

野崎「公明党は学会の生み出した政党であり、学会としてはこれを支持しているが、政教は分離されており、会長も分離以来一度も公明党幹部と会っていない。昨年の都議選や参議院選で学会が公明党のために力を入れたのは、総選挙のとき負けすぎたからである。公明党の動きを見ていると、現場主義なところがあり、われわれはその方針や動きのすべてを支持しているわけではない。会長の考えていることからみると次元が低い。将来は複数政党支持あるいは統一戦線支持に変ってゆく可能性もある。学会と共産党の交流や協力関係ができれば、公明党もそれを考慮せざるを得ないだろう」

汚ない仕事は公明党にやらせて、学会の考えていることは違いますと使い分けているようにも見えるが、ここではそれは追及しないでおこう。

百八十度引っくり返した「秋谷見解」

十一月十日に松本宅で第二回会談。

この時の約三時間の会談について、山下は日記に「二人とも（引用者注・上田、野崎）なかなかの論客。久しぶりでアラゴンの名を耳にする」と記し、アラゴンの詩集『フランスの起床ラッパ』から大島博光訳の次の詩を引いている。

神を信じたものも
信じなかったものも
その血は流れ流れ　交わる
ともに愛した大地のうえに
新しい季節がきたとき
マスカットのよく実るように……

十二月一日、やはり松本宅で昼食をはさんで約三時間半の第三回会談。

十二月十日に第四回会談を開き、共同草案をまとめ、年内に池田、宮本会談を実現して協定を結ぶことを確認する。

そして、十二月十日に松本宅で四時間半の第四回会談。

野崎が、トップ会談はスケジュール的に年内は無理と思うと言ったが、松本は、

「年内にぜひとも第一回会談をやるよう、会長に私の希望として伝えてほしい」

と依頼した。

十二月十七日、松本宅で昼食をはさんで約四時間半の第五回会談。

この間のやりとりは『共・創会談記』に詳細に書いてあるが、第五回会談では、政党支持の自由を求める上田に、野崎が、

「今、公明党支持をはずすとみんな自民党にいってしまう。(中略)立場の違いを理解してほしい。言論・表現問題で、共産党にやられたという感情はものすごく強い。だから公明党支持というのは、むしろ、学会員が自民党に走る傾向の歯どめになっているのだ」

と答える一幕もあった。

「言論・表現問題は、長い目でみると学会のためでもあったと思う」

と上田が言うのに、野崎と志村は、

「会長はすでにあの一年前から政教分離を考えていた」

と反発し、野崎が、

「共産党こそ〝神経質〟で、一般市民から理解されていない。アメリカともケンカ、中・ソともケンカ、だから独善的といわれている」

と批判する。これを共産党の文化部長の山下がそのまま書き残しているところがいい。

この日の日記に山下がこう書いている。Nが野崎でUが上田、Sが志村であることは言うまでもない。

「大論戦。N氏、たたみかける論客。中ソ問題でU氏、口を開こうとするが、機関銃の雨あられ。言う間なし。というところで（引用者注・松本清張の）奥さん、部屋に入ってきて、いともやさしく『あちらの部屋でお昼をどうぞ』、となる。期せずして『大関相撲の水入り』といったところ。

U氏、ヒルめし後、口を開くのは今と考えたのか、中ソ問題。静かにリアル。N氏、S氏、打って変わって静かにうなずく。U氏の得意中の得意のテーマ。もともとプロの論客。ためにに長いヒルめしとなる」

その日の夜十一時半に松本から電話が入った。野崎と志村が池田に報告し、池田から次の伝言があったとのこと。

「今日の様子ききました。当方（学会）の立場を理解していただいてありがたい。宮本委員長のはばひろいお人柄はよく存じ、理解しております。上田―野崎会談を評価しています。先生との会談については、時期も時期だけに安直にではなく、一生の決心でお会いするつもりでおります」

ナルホド、「一生の決心」だったのだろう。

十二月二十六日、第六回会談は午後七時から約四時間半。やはり松本宅だった。

翌々日、午前十時から約五時間半の第七回会談。同じく松本宅。

協定案やトップ会談についての詰めが話し合われる。

そして十二月二十九日、午後二時から松本宅で池田と宮本のトップ会談。オブザーバーとして松本が加わり、約一時間半行われた。合意についての協定調印。野崎と上田の連署の協定の日付は前日の二十八日。第七項に、「この協定は、向こう十年を期間とし、調印と同時に発効する。十年後は、新しい時代状況を踏まえ、双方の関係を、より一歩前進させるための再協定を協議し、検討する」とある。

ところが、複雑な経過を経て、ようやく翌年（一九七五年）の七月二十七日夜に協定が発表されたものの、直後の七月二十九日に、学会は秋谷栄之助名で、百八十度引っくり返すような見解を出す。いわゆる「秋谷見解」である。

協定は「共闘なき共存」を意味するに過ぎないとし、「ファシズムの危機を未然に防ぐ努力」も「左右を止揚（しよう）」し「中道勢力を拡大」するためだという。

山下は「これだと、われわれは自ら『止揚』され、中道勢力拡大に手を貸すために『協定』を結んだことになる。どこの世界にこんな間抜けがいるだろうか」と指弾している。

矢野を中心とする公明党の幹部が学会を突っついて、この見解を出させたのだった。公明党の巻き返しである。

当初から「死文化」の危機

先を急ぎ過ぎたが、山下の『共・創会談記』の第二部は「『協定』死文化への日々」である。誕生の瞬間から「死文化」の危機をはらんでいた「協定」とトップ会談への道程をたどる。

一九七五年が明けて一月十日に新年初の四者会談がやはり松本宅で開かれた。午前十時から約三時間。但し、志村はアメリカ行きのため欠席だった。

二月七日の会談では、上田から、協定の発表を早くしたい、宮本は新聞にスッパぬかれてからの発表を嫌っている、との発言あり。

野崎は山下の要約によれば、こんな意味のことを言った。

「竹入さん、矢野さんに『協定』文は見せなかったが、『協定』のことは話した。不愉快そうな顔をしていた。意表をつかれた感じだった。大会決定もあるし、共産党への態度は急に変えるわけにはいかない、当面は、われわれ二人だけにしておき、下部には流さないと言っていた。公表の時期を気にしているようす。今後のことは考えてみるがなぜ、事前に一言話してくれなかったか、共産党の議員にどんな顔をするかなあ、ともいわれた。竹入さんは『協定』になじまないが、矢野さんは、結局わかるだろう。

学会では役員レベルに話して了承をとった。聖教新聞の幹部にも話して、共産党批判のビラを一切作るなと言っておいた、と言う」

山下の日記をピックアップしていくと、二月二十二日にこうある。

「松本氏から電話で二十日に池田会長夫妻と会食したことを知らされる。話の内容はいわないが、協定の早期発表については、会長もそのつもりでいる、心配無用、と」

発表の時期を模索している間に、創共の会談と協定、そして、池田と宮本の対談の計画が記者たちの知るところとなる。

六月十七日、松本に呼ばれて駆けつけると、『週刊文春』の記者が来た、と言われた。

「『毎日』に宮本―池田対談が載るということをキャッチした。しかし、遅れているようだ、これは公明党が学会に対して圧力をかけ、池田会長に対してもとりやめるよう泣きついているためだといわれている。共産党の上田さんと学会の野崎さんがお宅で会っているということだが、真相はどうか」

と尋ねられ、松本は、

「知らない」

で通したが、「早くしないとダメではないか」というのが松本の意見だった。

この時の竹入と矢野の抵抗が、のちに学会からの信じられないような二人への批判につながったのだろう。「言うことを聞かない」両者に池田が遺恨を抱いたのである。

しかし、非公式ながら、矢野の申し入れで公明党と共産党が院内共闘をする場面もあった。七月五日の『赤旗』に次のような記事が載っている。前日の参議院本会議で公選法改悪反対、値上げ法案廃案で足なみをそろえた両党議員団の様子が次のように書かれているのである。

「午前九時半すぎ河野議長が、第一回の衛視導入で、両党議員団を実力排除した時のこと、衛視が力にまかせて押しまくったため、共産党の安武洋子議員は、将棋倒しの形で演壇中央部に激しく押しつけられ、議場内は一瞬息をのみました。共産党上田耕一郎議員らが、必死で手をさしのべて救い出そうとしますが、届きません。その時、巨漢の公明党黒柳議員が衛視を押しのけ、安武議員を救い出しました」

この時、社会党は自民党と連帯してしまったのだが、『公明新聞』には「酒、タバコ値上げ法案〝廃案〟は公・共の成果——社会は革新の大道に戻れ」という見出しの矢野談話が載った。

「公明党はこれまでいくつかの院内共闘を組んできたが、その経験でいえば、いつハシゴをはずされるか、という疑心暗鬼がなかったとはいえない」けれども、今回、「共産党との共同歩調では、こうした気づかいはなかった」という談話である。

山下は「『協定』が頭にあるのかもしれない」と注釈をつけている。

池田との間で矢野も揺れていたのかもしれない。「いつハシゴをはずされるか」という疑心暗鬼は竹入や矢野の場合は池田に対して消せなかったとも言えるからである。

七月十一日、『読売新聞』夕刊に池田のインタビュー掲載。聞き手は政治部長だった渡邉恒雄。

池田は「科学的社会主義（マルクス主義）は庶民大衆の解放をめざした人間主義の思想」と評価し、「日本共産党が暴力革命を排して議会主義に徹した柔軟な方向」で広い支持を集めた事実に「評価を惜しまない」と述べ、「これは、宮本委員長個人の人間主義的発想、組織力にもよっているものであり、その点で立派であると思う」と結んでいる。

共闘を否定し、「秋谷見解」を追認

そして、翌十二日、池田と宮本の対談は始まった。ホテル・ニューオータニの山茶花荘で約四時間である。

反響が大きく、学会側から予定より早く連載を終わりたいと難題が持ち出され、野崎と上田で応酬したのが七月二十二日だった。『毎日』の連載は十五日からスタートしている。

「大体、情報がもれすぎる」

と野崎が苦情を言うのに、上田が、

「ぼくの方はもらしていない。自信がある。学会の上の方から聞いたという人がいる。『公安』スジが盛んに動いていて、ジャーナリズムにとりあげさせているという人もいる」

と答える場面もあった。

七月二十七日、急転直下で協定発表となる。

翌二十八日、各紙大きく掲載。『朝日』は「〝共闘〟を超える〝実験〟」、『毎日』が「政界への波及必至」、そして『読売』が「民衆の福祉で協力」という見出しである。

ところが、二十九日の『聖教新聞』に、前述の「秋谷見解」が載った。学会副会長の秋谷インタビューで、まさに協定を死文化するものである。

共産党が騒然となっているところに野崎から電話が入った。

前日、宮本は上田に指示して、ハワイ滞在中の池田に、雑音に惑わされず協定の精神に立ってやっていこう、と伝えてほしいと言っている。それを野崎は池田に伝えていたが、そうした経過があっての電話である。

「会長から国際電話あり。上田氏から伝えられた委員長の伝言わかった。共闘か共存かで議論あるが、このままでいくとケンカになり、ものわらいになる。とにかく共存でいきましょう。そしていろいろあるが、協定を守っていきましょう」

七月三十日に宮本は記者会見を開き、こう述べている。池田は社会主義国を訪れ、社会主義を悪と見ないで、人類の進歩の過程と見ているが、これは一部の反共主義者たちと違うし、反ファシズムの姿勢も明らかにしていると指摘した上で、創共協定に触れる。

「松本清張さんの仲介で今回の話がおこったもので、われわれから持ちかけたものではない。同時に拒否する理由もない。しかし、公明党の根強い反共路線などから、われわれは当初果たして学会が池田会長のいう方向で動けるかという疑念をもった。だが、徹底的な討論を通じてお互いが理解を深め、あの協定に達した。だから、政党がダメだから創価学会に目をつけたというようなものではなく、われわれは反共主義との闘争の態度ではきびしいが、善意のいろんな行為にたいしては、いつも心を開いており寛容だ。共産党のもっている本来の国民性、長い展望に立って原則的に動くという立場が、池田会長を先頭とする学会の動きとたまたまふれあったということだ。池田会長は人柄としても率直な人で、創価学会が大きくなったのには、池田会長の庶民性というか、もったいぶらない人柄があると思う。指導者としては信頼がおける。こんど協定を発表した以後も、渡米中の池田氏から、人を介してだが、どんな雑音があっても、協定の精神を守ろうという伝言があった。私の方も、せっかく苦労してつくった協定で、歴史的にも貴重なものだから、当然これを尊重して大きな精神で進みましょうと返事した」

いまとなっては信じ過ぎのような気もするが、宮本としても何とか維持したかったのだろう。

しかし、どちらにもいい顔をしようとした池田の顔は公明党の強い突き上げもあって、共産党には向かないことになる。八月二十日に創価大学で行った講演で池田は「共闘」を否定し、「秋谷見解」を追認したのだった。

「この『合意協定』は、これによってなんらかの具体的行動が成立するというものではなく、人類的視野に立って両者が合意できる点を確認したものであります。したがってそこには、十年という長期にわたるタイム・テーブルを設定したし、相互の行動は、あくまでもそれぞれの立場で自由をもつものである。その意義から原則論的な合意点をまとめたものであります。

したがって、共闘の問題についてうんぬんされているが、宮本氏もそんな低い次元や狭い了見からではないことを私は知っている。我々は日本共産党と共闘する意思はない。またいわゆる国民統一戦線に加わることも考えておりません」

公平に見て、池田が「低い次元や狭い了見」で協定を考えていたことが明らかになったのである。

八月二十三日に『毎日』の池田、宮本対談連載が終わった。二ヵ月を予定していたのに大きくカットされて一ヵ月余の三十九回で終了となった。学会側、つまりは池田の一方的な「都合」によってだった。

公安も本腰入れて学会をマーク

一九七八年になって、『週刊現代』の十月二十六日号に「創価学会、公明党の最高機密ルートの一つはやっぱり公安機関」という記事が載った。公安機関とは公安調査庁、内閣調査室、警視庁などだが、警視庁詰めの記者がこう語っている。

「警視庁が創価学会に対する監視を強めたのは、(引用者注・昭和)五十年の創共協定締結以来です。学会が共産党と協定したというので驚いた警視庁では、右翼担当の公安二課が本腰を入れてマークしはじめたわけですよ。月に一回の報告書を作成しはじめたのは、それから」

協定が五年目を迎える直前の一九七九年十二月二十八日付の『東京新聞』「論壇時評」

で東大教授の奥平康弘は「協定はほぼ無に帰してしまっているのは、周知」とし、「双方は、日本に新しいファシズムをめざす潮流が存在しているとの共通の現状認識に立ち、たがいに賢明な英知を発揮しあって、その危機を未然に防ぐ努力を、たがいの立場でおこなう」といった項目を含む協定を引きながら、それは「統一戦線の可能性を開くものであり えただけに、うやむやに終わったのでは、今後の日本にとって惜しまれる」と指摘している。

第七章

「だました池田」と「だまされた宮本」

信じてはいけない池田を信じた宮本

一九七八年秋の時点での池田の「創共協定がなかったら公明党は存在していない」という発言は紹介したが、公明党が存在しなくなれば学会も無傷ではすまなかっただろう。その存在も危うくなったと思われる。

宗教家らしくなく、理念より状況を重視して動く池田に対して、逆に宮本は政治家らしくなく、状況より理念を重んじて、十年間、協定を守った。

それで矢野はテレビ局で宮本に会った時、

「お前んとこもひどいなあ」

と言われることになる。明らかに協定違反を積み重ねていたからである。

私は宮本指揮下の共産党もすぐに反撃して協定を破棄すべきではなかったかと考える。

「信義を守る」必要はなかった。

宮本はやはり、東大出のエリートだった。それで、信じてはいけない池田を信じた。泥水をすすって這い上がった非エリートの池田の辞書に信義というコトバはない。

ただ、宮本は理念に賭けたのではないかとも思う。

「羊頭を掲げて狗肉を売る」という漢語があるが、「狗肉を売るにも羊頭を掲げざるをえない」と読めば、当時の宮本の心境に近いかもしれない。

弱者、つまり虐げられている者同士が手を結ぶのが理想（羊頭）であり、現実が狗肉を売るような状況であっても、少しでも理想に近づけたい、そのための一歩になれば、と宮本は考えたのではないか。

ただ、だまされたことは事実であり、戦略として、あるいは思想として、それが正しかったかには疑問が残る。

伊丹万作の遺言

ここで私は映画監督の伊丹万作が『映画春秋』の一九四六年八月号に書いた「戦争責任者の問題」を思い出す。一九〇〇年生まれの伊丹は宮本より八歳上だが、この年に亡くなっているから遺言のようなものである。

「我々は、はからずも、いま政治的には一応解放された。しかしいままで、奴隷状態を存続せしめた責任を軍や警察や官僚にのみ負担させて、彼らの跳梁を許した自分たちの罪を真剣に反省しなかったならば、日本の国民というものは永久に救われるときはないであろう」

このように問題を設定して、伊丹は本当に「だまされた」のか、と問いかける。

「多くの人が、今度の戦争でだまされていたという。みながみな口を揃えてだまされていたという。私の知っている範囲ではおれがだましたのだといった人間はまだ一人もいない。ここらあたりから、もうぼつぼつわからなくなってくる。多くの人はだましたものとだまされたものとの区別は、はっきりしていると思っているようであるが、それが実は錯覚らしいのである。たとえば、民間のものは軍や官にだまされたと思っているが、軍や官の中へはいればみな上のほうをさして、上からだまされたというだろう。上のほうへ行けば、さらにもっと上のほうからだまされたというにきまっている。すると、最後にはたった一人か二人の人間が残る勘定になるが、いくら何でも、わずか一人や二人の智慧で一億の人間がだませるわけのものではない」

確かにそうだろう。そして伊丹はさらに問い詰める。

「すなわち、だましていた人間の数は、一般に考えられているよりもはるかに多かったにちがいないのである。しかもそれは、『だまし』の専門家と『だまされ』の専門家とに劃然と分れていたわけではなく、いま、一人の人間がだれかにだまされると、次の瞬間には、もうその男が別のだれかをつかまえてだますというようなことを際限なくくりかえしていたので、つまり日本人全体が夢中になって互にだましたりだまされたりしていたのだろうと思う」

特に、だまされるほど自分はいい人だなどと思いたがるこの国の人に対して、鋭い指摘である。時に私は、そういう人を「いい人」と呼ぶことに異論はないが、その上に「どうでも」を付けたい、と皮肉る。

「だまされたものの罪」

伊丹の痛論は続く。

「だまされたということは、不正者による被害を意味するが、しかしだまされたものは正しいとは、古来いかなる辞書にも決して書いてはないのである。だまされたとさえいえば、一切の責任から解放され、無条件で正義派になれるように勘ちがいしている人は、もう一度よく顔を洗い直さなければならぬ。

しかも、だまされたもの必ずしも正しくないことを指摘するだけにとどまらず、私はさらに進んで、『だまされるということ自体がすでに一つの悪である』ことを主張したいのである。

だまされるということはもちろん知識の不足からもくるが、半分は信念すなわち意志の薄弱からくるのである。我々は昔から『不明を謝す』という一つの表現を持っている。これは明らかに知能の不足を罪と認める思想にほかならぬ。つまり、だまされるということもまた一つの罪であり、昔から決していばっていいこととは、されていないのである」

この指摘に「厳しすぎる」と不満をもらす人もいるかもしれない。しかし、ニーチェが悪を「弱さに由来する一切のもの」と規定したように、ここから反撃しなければ、被害者はいつまでも被害者となってしまうだろう。

そして伊丹は「弱さ」にトドメを刺すように、この卓論を次のように結ぶ。

「だまされたものの罪は、ただ単にだまされたという事実そのものの中にあるのではなく、あんなにも造作なくだまされるほど批判力を失い、思考力を失い、信念を失い、家畜的な盲従に自己の一切をゆだねるようになってしまっていた国民全体の文化的無気力、無自覚、無反省、無責任などが悪の本体なのである」

「『だまされていた』という一語の持つ便利な効果におぼれて、一切の責任から解放された気でいる多くの人々の安易きわまる態度を見るとき、私は日本国民の将来に対して暗澹たる不安を感ぜざるを得ない。

『だまされていた』といって平気でいられる国民なら、おそらく今後も何度でもだまされるだろう。いや、現在でもすでに別のうそによってだまされ始めているにちがいないのである」

獄中十二年を非転向で貫いた宮本が「だまされていた」というわけではない。しかし、この池田との応酬の中では、そのそしりを免れないのではないか。

敗北を認めない文学

私はここで、『週刊現代』の一九九二年二月十五日号に書いた私の宮本批判を引く。「今週の異議アリ！」という連載コラムで、その回の見出しは「老害・宮本顕治共産党議長の唯我独尊」だった。この連載はのちに『日本は誰のものか』（講談社）としてまとめられ、文庫化もされた。かなりのきつい批判である。

〈証券スキャンダルでは、『赤旗』のコメント依頼にも応えたし、『文化評論』の対談にも出た。しかし、自民党の総裁選挙についてどう思うかと『赤旗』の記者から電話が来た時には、私は、おたくの党の宮本顕治の独裁体制をそのままにしておいて、そんなことを尋ねられるのか、と問い返さずにはいられなかった。

現在、中央委員会議長という肩書の宮本は、1月1日付の『赤旗』で、例によって「日本共産党だけが正確な対案をかかげて」きたと自己礼讃に終始している。

また、1月7日付の『朝日新聞』夕刊のインタビューでは、新妻記者の「日本共産党はソ連社会主義の崩壊を『もろ手をあげて歓迎』した。対立してきた相手が倒れたというこ

とでは歓迎だろうが、社会変革の使命も背負った指導者として、自分との距離だけで測っていいのか」という問いかけに、

「ソ連共産党からあらゆる時期に妨害、覇権主義的な干渉を受け、それと闘うことなしには、私たちの建前を貫けないという状況に置かれ、30年近く一生懸命やってきた。『もろ手をあげて歓迎』は実感だ。本当に、レーニンのあとのソ連社会主義は間違った道を歩いた。間違ったものは1日も早く、転換するか、挫折を表明した方が、人類の役に立つ」

と満々の自信を見せている。常に「わが党」すなわち宮本顕治は「正しい」のである。

しかし、ソ連の崩壊を「もろ手をあげて歓迎」に、どれほど多くの良心的共産党シンパが傷ついたか。

私は、日本人はマルクスより、ドレイ精神からの解放を主張した魯迅の思想のほうが大事という立場だから、大した感慨はなかったが、私の友人にも共産党指導部のあまりの鈍感さと唯我独尊ぶりに非憤慷慨して泣訴してきた者がいる。

共産党流にいえば〝脱党者〟の堤清二セゾンコーポレーション会長は、私との対談で、日本共産党がソ連の崩壊を「歓迎する」といったのには、びっくりしたと発言し、その後を、こう続けた。

「そりゃ、ソ連共産党の上層部は、腐敗の極みだったでしょうけど、しかし、真面目な青

年共産党員はいたはずで、彼らがどれほど自分たちの人生について悩み、苦しんでいるか、そういうことについて何の想像力も働かず、一片の涙もなかったとしたら、これは鉄の団結かもしれませんが、そのこと自体が怖いことのように私は思います。政治闘争というのはそういうものだ、といわれるかもしれないけれども、僕たちが学生の頃、運動に参加したのは、共産主義によって、そうでない、人間の顔を持った政治が可能になるのだという思い込みがあったからです」

83歳のドン、宮本顕治に対する批判は共産党内に充満している。着火すれば爆発するくらいに昂まっているのだが、先の『朝日』のインタビューで、30年以上も最高指導者であり続けているため組織にマイナスを生んでいないか、と問われて、ご当人は、

「このような質問の一番強い動機として、日本共産党もそろそろ路線を転換したらどうかというのがある。時代遅れなのだから、一番古い宮本がやめろということにつながってくる。我々はこれを拒否してきた。歴史の歩みからみて、基本的な貢献のある党だ。個人崇拝もない。私の写真などどこにもない。自ら戒めて、集団指導での新陳代謝を適切にやっている。指導力の一翼として働いてきた人間がいることで、組織に迷惑がかかることはありえない。残念ながらご説のようになるわけにはいかない」

と、〝老害社長〟が退陣を拒否するのと、まったく瓜二つの答弁をしている。しかし、

90年夏の党大会を前に出された『赤旗』評論特集版には次のような党員の投書が次々と寄せられたのだった。

「独裁者（チャウシェスク）を同志と呼んでしまったことは恥ずべきことである」

「（選挙結果は）社会的常識では、『敗北』、もっと正確には『大敗』である。大幅に議席を失った以上、率直に『敗北』と総括すべきではないか」

「創価学会での『名誉会長』と変わりのないような『議長』による実質的院政をしているの感を免れません」

「宮本議長は、退陣すべきである。指導部任期制やルーマニア問題での弁明はあまりにも見苦しい」

アムネスティが人権侵害国として何度も告発したルーマニアのチャウシェスク政権を擁護した罪をはじめ、宮本の過ちは少なくない。それに頬かむりして臆面もなく「無謬」を主張されては、シラケるのは党員だけではないだろう。

宮本は1929年に、芥川龍之介について書いた「『敗北』の文学」で、雑誌『改造』の懸賞文芸評論の一席に入選した。結局、宮本の「文学」は、「敗北を認めない文学」であり、敗北から学べない思想なのである。

コンクリートで踏み固められた土地からは容易に芽が出ないように、共産党の感性はいま、老朽化した宮本というコンクリートで覆われている。

宮本は有島武郎について、片上伸の「理づめで自分の気持を片づけている点が氏のいうところを浅くし、平たくし、乾いたものにし、もっとものようでいて、真に心から受け入れさせる力のないものとしている」という批判を引いているが、これはそのまま宮本自身に当てはまるものではないか。

宮本は「我々は如何なる時も、芥川氏の文学を批判し切る野蛮な情熱を持たねばならない」と、20歳の時に書いた芥川批判を結んだ。

しかし、いま、共産党員に求められているのは、宮本を「批判し切る野蛮な情熱」だろう。「わが党マイホーム主義」の温床の中で「自己批判」ばかり繰り返してきたひ弱な党員にそれを望むのはムリかもしれないが……。

「お母ちゃん」がつくウソは許される

一九一一年生まれで、宮本とほぼ同年輩の国分一太郎はかつて共産党員だった。六四年に指導部を批判して除名されている。同郷でもあり、私にとって宮本より親しい名前だった。

生活綴方(つづりかた)運動を推し進め、『教師』（岩波新書）などを書いた国分を偲ぶ「こぶし忌」

が二〇〇二年四月十四日に国分の生まれた山形県東根市で開かれ、私は「国分一太郎のしなやかさと頑固さ」と題して講演した。国分の命日は二月十二日だが、国分が好きだったこぶしの花が咲く四月半ばにその催しをやるという。

国分は旧制山形師範で私の父より三年ほど後輩になる。父と同期には、のちに社会党の代議士になる西村力弥がいた。書一筋で非社会派の父は、教師になった私が組合運動に熱心なので、治安維持法に引っかけられた西村や国分のように官憲にねらわれる存在になるのではないかと心配して、国分の『石をもて追われるごとく』を密かに読んでいたと姉から聞いた。

それはともかく、私は国分の『君ひとの子の師であれば』（新評論）を読み返し、その中の「ウソをかかせてみる」を講演で紹介した。生活をリアルに書けと主張した綴方運動の旗手にこの指摘のあるのがいいだろう。

なぜ、そうするのか？　国分はこう語る。

「日本人または日本の子どもたちが『字でかいてあるもの、文章にかいてあるものは何でも真実だ』と思いたがる習性を訂正するためです。新聞や雑誌をよんでも、そのまま信じてしまうくせを、いくらかでもなくしたいものだと思うからです。文章のなかみが、ウソかほんとうかを、よく考えながら、吟味してよむ警戒心をつけたいのです」

同じ字を使って、書こうと思えばウソも書けるし、本当も書ける。教師たちは作文をかかせる時、「ほんとうのことを書け」と教えるが、それだけでいいのか。

「だから、子どもたちは、すなおな気持ちで、ほんとうのことをかきます。そうすると、よその人のかいたものも、すべて真実の表現だと思いたがる習性がついて、つい、文章でかいてあるものは、何でも真実だと思いたがらないとも限りません。それをなおしたいのです」

新聞や雑誌は、いまではテレビやスマホと置き換えなければならないだろうか。

久野収と鶴見俊輔は『現代日本の思想』（岩波新書）で、生活綴方運動を日本のプラグマティズムと捉え、『綴方教室』（角川文庫）を書いた豊田正子について、こう指摘している。

「（引用者注・彼女は）やがて、小学校の先生の教えた正直の倫理から離脱し、正直一途のお父ちゃんの力では自分たち一家は生きられぬ、自分たち一家をささえているのは、嘘つきのお母ちゃんのチエだという自覚に達する」

権力者のつくウソは許されないが、生きるために「お母ちゃん」がつくウソは許されるのである。

国分は中野重治らと共に共産党を追われるが、教師時代、私は熱心な組合活動家の共産党員から入党を勧められると、国分や中野がいられない党には入れない、と断った。

多分、共産党シンパの教師たちは「ウソをかかせてみる」ことはないのではないか。ウソを全面的に排するのではないかと思うが、それでいいのか。

『池田大作と宮本顕治』を私はこの疑問で結びたい。読者は私がこう結ぶことを理解してくれるだろう。

おわりに

「信じる」ことを説く創価学会の池田大作と、「疑う」ことを大事とする共産党の宮本顕治が手を結んだ「創共協定」から半世紀近くの時が流れている。

いまでは信じられないようなこのドラマを追って、私はコロナ禍の最中にその再現のために懸命に原稿用紙を埋めた。

パソコンもスマホも持たず、手書きの私は十日ぐらいの間隔でその原稿を編集を担当してくれた金澤智之さんにファックスした。大体、三十枚ずつだった。

それを読んで彼が「多彩なアプローチからの興味深い人間研究になっていると思います」といった感想を返して来る。毎回である。それが何よりの励みとなって書き終えることができた。

「菅義偉の正体」が副題の森功著『総理の影』（小学館）に、一九九六年の総選挙で、池田大作を「人間の仮面をかぶった狼」とまで攻撃して衆議院議員に初当選した菅が、二〇〇〇年の総選挙では掌を返して創価学会に選挙協力を求める場面が出てくる。

その時のことを菅の秘書の渋谷健がこう振り返っているのである。

「学会から一度挨拶に来いって言われ、菅さんと二人で、（横浜の）山下公園のところにある創価学会の（神奈川県）本部へ行きました。会ったのは地域トップの方ですけど、『菅さん、あんたこないだの選挙で、池田大作先生のことを何て言った？　あんなに批判しておいて気持ちは変わったのか』と一時間ほど、ねちねち延々とやられました。いやあ、すごかったです」

菅も汗をかきながら言い訳をし、その後はいいムードになったが、

「おい渋谷、最初はほんとに怖かったな」

と身をすくめていたとか。

その菅が現在は自民党きっての学会通となり、学会とのパイプの太さを誇っている。

結局、創価学会（公明党）は自民党と共産党の間を揺れ動いているのだろう。支持者のことを考えれば、共産党と手を結ばなければならないのに、利権のことを考えて自民党と一心同体になっている。

私は二〇一六年春に『自民党と創価学会』（集英社新書）を書いて、その理念なき野合を批判したが、併せて読んでいただければ幸いである。

二〇二〇年六月二十二日

佐高信

主要参考文献

安東仁兵衛『戦後日本共産党私記』現代の理論社、一九七六
池田大作・宮本顕治『人生対談』毎日新聞社、一九七五
大江健三郎編『伊丹万作エッセイ集』筑摩叢書、一九七一
大下英治『日本共産党の深層』イースト新書、二〇一四
笠原和夫、荒井晴彦、絓秀実『昭和の劇 映画脚本家・笠原和夫』太田出版、二〇〇二
久野収、鶴見俊輔『現代日本の思想――その五つの渦』岩波新書、一九五六
言論出版の自由を守る会編『「創価学会を斬る」41年目の検証』日新報道、二〇一二
国分一太郎『教師――その仕事』岩波新書、一九五六
国分一太郎『君ひとの子の師であれば』新評論、一九五九
国分一太郎追悼文集刊行委員会編『北に向いし枝なりき 国分一太郎追悼文集』一九八六
五味川純平『戦争と人間』（全六巻）三一書房、一九六五～六六
佐高信『自民党と創価学会』集英社新書、二〇一六
佐高信『いま、なぜ魯迅か』集英社新書、二〇一九
佐高信『新・佐高信の政経外科 官房長官 菅義偉の陰謀』河出書房新社、二〇一九
佐高信『新・佐高信の政経外科 幹事長 二階俊博の暗闘』河出書房新社、二〇二〇

城山三郎『嬉しうて、そして…』文藝春秋、二〇〇七
瀬戸内寂聴『孤高の人』ちくま文庫、二〇〇七
高橋篤史『創価学会秘史』講談社、二〇一八
竹中労『エライ人を斬る』三一書房、一九七一
立花隆『「田中真紀子」研究』文藝春秋、二〇〇二
田原総一朗『創価学会』毎日新聞出版、二〇一八
朝堂院大覚・佐高信『日本を売る本当に悪いやつら』講談社＋α新書、二〇一九
テリー伊藤・佐高信『お笑い創価学会――信じる者は救われない 池田大作って、そんなにエライ？』光文社、二〇〇〇
豊田正子『定本 綴方教室』角川文庫、一九五二
内藤国夫『公明党の素顔――この巨大な信者集団への疑問』エール出版社、一九六九
内藤国夫『今、改めて問う創価学会・公明党』五月書房、一九九五
西野辰吉『首領 ドキュメント徳田球一』ダイヤモンド社、一九七八
野口裕介、滝川清志、小平秀一『実名告発 創価学会』金曜日、二〇一六
原島嵩『池田大作先生への手紙――私の自己批判をこめて』晩声社、一九六〇
檜山昭『創価学会紳士録』白馬出版、一九七三
平野貞夫『公明党・創価学会と日本』講談社、二〇〇五
平野貞夫『公明党・創価学会の野望』講談社＋α文庫、二〇〇八
平野貞夫・佐高信『自民党という病』平凡社新書、二〇一八

平林たい子『林芙美子 宮本百合子』講談社文芸文庫、二〇〇三
藤原弘達『創価学会を斬る』日新報道、一九六九
藤原行正『池田大作の素顔』講談社、一九八九
松下裕『評伝中野重治』筑摩書房、一九九八
宮本顕治・百合子『十二年の手紙』新日本文庫、一九八三
森功『総理の影――菅義偉の正体』小学館、二〇一六
矢野絢也『闇の流れ 矢野絢也メモ』講談社+α文庫、二〇〇八
矢野絢也『私が愛した池田大作――「虚飾の王」との五〇年』講談社、二〇〇九
山崎正友『「月刊ペン」事件 埋もれていた真実』第三書館、二〇〇一
山崎正友『法廷に立った池田大作 続・「月刊ペン」事件』第三書館、二〇〇一
山崎正友『信平裁判の攻防 続々・「月刊ペン」事件』第三書館、二〇〇二
山下文男『共・創会談記』新日本出版社、一九八〇

【著者】
佐高信（さたか まこと）
1945年山形県生まれ。慶応義塾大学法学部卒業。評論家。著書に『逆命利君』『魯迅烈読』（以上、岩波現代文庫）、『お笑い創価学会』（共著、光文社知恵の森文庫）、『城山三郎の昭和』（角川文庫）、『自民党と創価学会』『いま、なぜ魯迅か』（以上、集英社新書）、『安倍「壊憲」を撃つ』『自民党という病』『人間が幸福になれない日本の会社』（以上、平凡社新書。共著を含む）など多数。

平凡社新書951

池田大作と宮本顕治
「創共協定」誕生の舞台裏

発行日——2020年8月11日　初版第1刷

著者——佐高信
発行者——下中美都
発行所——株式会社平凡社
東京都千代田区神田神保町3-29　〒101-0051
電話　東京（03）3230-6580［編集］
　　　東京（03）3230-6573［営業］
振替　00180-0-29639
印刷・製本—株式会社東京印書館
装幀——菊地信義

ISBN978-4-582-85951-5
NDC分類番号311　新書判（17.2cm）　総ページ224
平凡社ホームページ　https://www.heibonsha.co.jp/

平凡社新書　好評既刊！

857 永六輔 時代を旅した言葉の職人　隈元信一

多彩な活躍ぶりで歴史に名を残す永六輔。その生涯に貫かれた一筋の道とは。

872 保守の遺言 JAP.COM衰滅の状況　西部邁

稀代の思想家が〝死者の眼に映る状況〟をつづった絶筆の書。自裁の真意とは。

879 自分史のすすめ 未来を生きるための文章術　小池新

自分だけの物語を書いてみよう。通信社の元編集委員が伝える自分史の手引き。

880 戦場放浪記　吉岡逸夫

数多くの修羅場を潜ってきた〝放浪記者〟が見た戦争のリアル、異色の戦場論。

882 ヒトラーとUFO 謎と都市伝説の国ドイツ　篠田航一

ヒトラー生存説、ハーメルンの笛吹き男など、自己増殖する都市伝説を追跡する。

885 日航機123便墜落　最後の証言　堀越豊裕

撃墜は果たしてあったのか。日米双方への徹底取材によって、論争に終止符を打つ。

889 象徴天皇の旅 平成に築かれた国民との絆　井上亮

天皇、皇后両陛下の旅の多くに密着してきた記者による異色の見聞記。

891 世界史のなかの文化大革命　馬場公彦

「1968革命」の震源として文革をとらえたグローバル・ヒストリー。